대평보이차

10년이 지나도 늘 한결 같은 차
자연의 기운을 그대로 담았습니다.

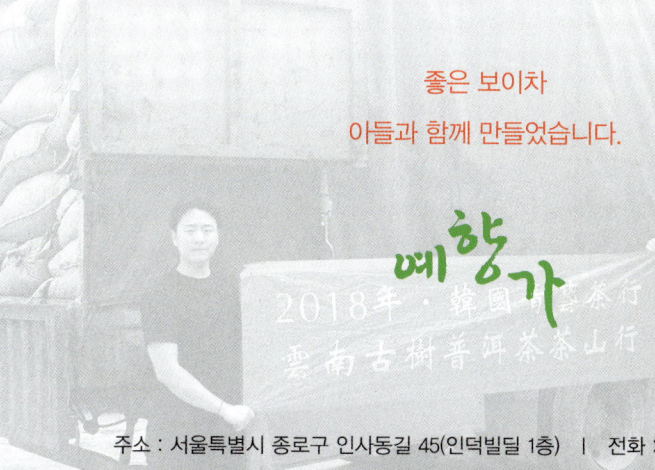

좋은 보이차

아들과 함께 만들었습니다.

예향가

주소 : 서울특별시 종로구 인사동길 45(인덕빌딩 1층) | 전화 : 010-9930-0049

오운산고차 / 칼라 152페이지 | 박홍관 저 | 정가 : 9,000원

이 책은 석가명차에서 생산하는 '오운산고차'에 대한 믿음과 함께하며 6년간의 취재와 협력, 그리고 사업과 운명이라는 최해철 대표와의 인연 속에서 그간의 기록을 한 권의 책으로 엮었다.

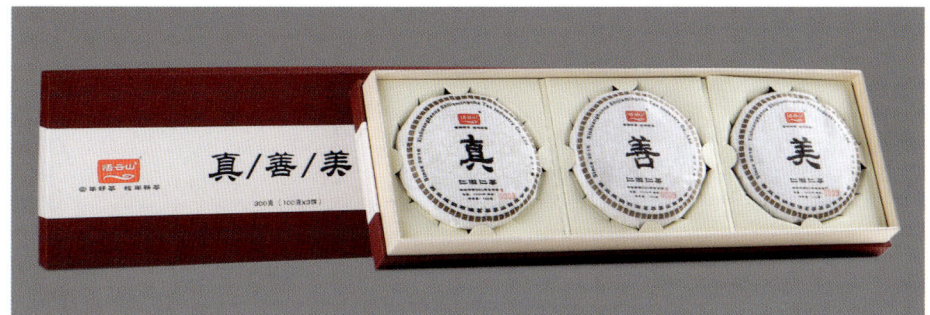

오운산고차

그해에 만들어 그 해에 맛있게 먹을 수 있는 차
세월이 흐르면 새로운 맛으로 다시 태어나는 차
오운산고차의 경영이념입니다.

비싼 차라고 반드시 최고의 차는 아닐 수 있습니다.
다만 오운산은 정직하게 소개할 따름입니다.

주소 울산시 울주군 상북면 상북로 15
전화 052-254-4884 / 010-9232-9726
홈페이지 www.haohaotea.com

차의예술 01

찻자리의 격 | 박홍관 지음 | 정가 : 50,000

차를 마시는 다양한 형식의 찻자리를 구분하여 일상에서의 격을 다룬다. 차 마시는 공간이 단순히 차만 마시는 공간이 아니므로 우리는 찻자리에서 새로운 공간을 만들어 간다. 이 책의 내용은 한국과 중국 그리고 일본의 찻자리가 연결되어 현장에서의 인격과 품격을 살펴본다.

茶席

추천 자사호

'다석' 추천 상품으로 매 호마다 신규 차도구와 차를 소개합니다.

① 평개호

② 사정호

③ 왜번호

④ 수평호

단순히 상품을 판매하기 위해서 소개하는 것이 아니라 먼저 체험하신 분들의 경험을 나누고 이어가자는 뜻이며, 11년 동안 믿고 구독하시는 독자 여러분께 보답하는 의미로 이 코너를 개설하게 되었습니다. 여기에서 판매하는 상품은 모두 기간 한정품 가격으로, '다석'에서 추천하는 제품은 믿고 소장하거나 안전하게 마실 수 있는 차와 도구입니다. 이후로도 이어지는 행사이오니 지속적인 관심 가져주시기 바랍니다.

– 무위산방 주문 상도방 제작

수량 : 선착순 각 10점 | **가격** : 각①②③번 20만원 / ②번 25만원 | 입금자 순으로 10개씩 한정판

입금계좌 : 농협 302-0734-4364-61 | **예금주** : 티웰 | **문의** : 508. 065. 3543

국내 최초 香전문점
'일지 一枝'

- • 침향, 합향 등 선향 판매 •
- • 향로, 향도구 등 •
- • 상품제작 _ 개별 브랜드 주문 제작 •
- • 향 만들기 _ 원데이 클래스 •
- • 향도 수업 _ 입문반, 고급반 •
- • 향전시회(특별일정) _ 품감회 등 •

온라인 스토어
www.yizhi.co.kr

일지 향전문점

- **영업시간** : 월 - 토요일 오전 11:00- 19:00. 일요일 휴무
- **찾아오시는 길** : 서울 종로구 율곡로 3길 75-4
- **문의** : 02. 730. 9998

유튜브 에서 다석TV를 만날 수 있다.

다석TV는 차에 대한 본지 발행인 박홍관이 직접 제작하며
전국의 차인들을 대상으로 강의 및 차실 소개를 합니다.
또한 중국의 현지 차문화 동향등 중국차 말차 홍차 전문가를 만나
인터뷰 하면서 현장의 이야기를 리얼하게 담아내고 있습니다.
2020년에는 좀 더 발전적인 영상으로 다가가겠습니다. 감사합니다.

대익보이차 2000년 이후 생차 모두 삽니다

문의 | 010. 5469. 7090

2002년 반장특제정품

2003년 사성반장 청병

2005년 오금호원차(생차)

2005년 월진월향 특제청병

2006년 생산 보이 생차 금색운상

2008년 생산 보이 생차 고산운상

華 集 齋

당신의 차생활에 품격을 더해드립니다.

자사호 | 찻잔 | 차탁 | 차도구일체

차 도구 전문점・화집재

부산광역시 중구 해관로22(동광동1가) | H.P : 010. 9356. 6611

갤러리 고검가

千下之緣 하늘의 인연⋯⋯

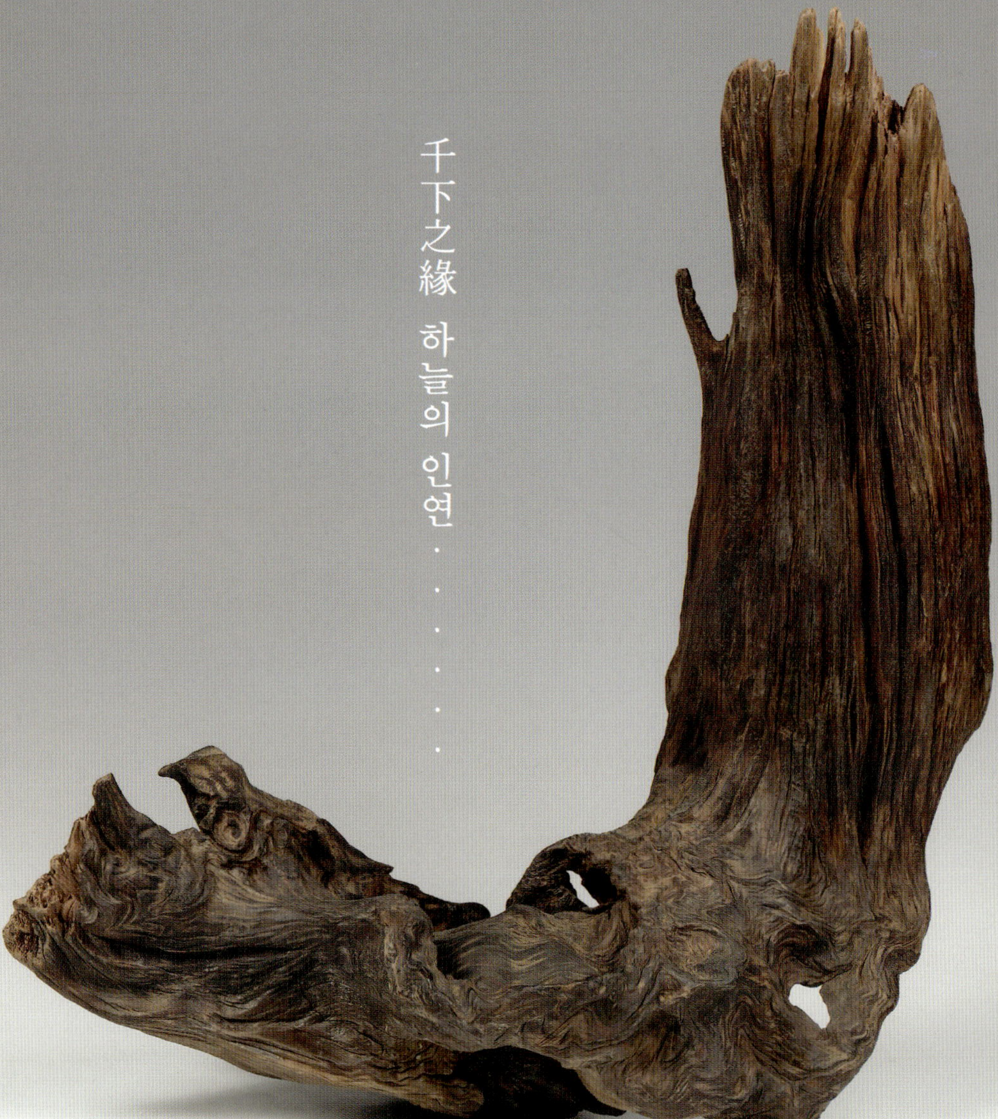

수제 가루향(天香), 천연 벽조목, 목 다구류 제작 판매.

대구시 동구 백안동 252번지, 010-5605-3939, blog.naver.com/kingmit

차 례

발행인의 변 … 16
표지 해설/철병 이원제 소장 … 18
차도구 감상 / 백자 화병 … 20
차도구 감상 / 건요 천목 … 22
모방과 창조 … 24
우롱차의 공정 및 특징에 관하여 … 30
차도구 컬렉터 … 42
중국의 보이차 거래 플랫폼 동화차엽 … 48
석가명차 오운산 중국 광서성대리상
종화봉 선생 인터뷰 … 64
아사가 차관 제4회 경주세계차문화축제와 황용골 차회 … 72
씨스네 티룸 … 82
백년보이흑번홍 … 88
김경우의 보이차 노트 … 96
김경우의 노차품감회 … 99

보이차 감상
여여해 … 100
도림원 … 102
다화담 … 103
용생보이차 … 104
장도원의 향, 찾아가는 길 … 106

차문화 행사
공부차 삼학육보차 평차회 … 108
제7회 무이암차 무이성 대홍포 품다회 … 110
일회다회 초청 중국 각다도전승문화센터 … 112
제13회 고전문화 소장품전 … 114
일본 전다도 히가시아베류 … 115

茶席

발행처 | 티웰 · **발행인겸 편집인** | 박홍관
디자인 | 홍원준 · **사진** | 박홍관
중국어 번역 | 이장익 · **일본어 번역** | 이주희
자문위원 | 중국도자기 | 김덕기 · 중국자사호 | 황영하
　　　　　골동보이차 | 김경우 · 향도 | 정진단
발행일 | 2019년 12월 31일 · **정가** 15,000원
제작 | 티웰(등록 제22-3016)
주소 | 서울시 종로구 삼일대로 30길 21, 507호(낙원동, 종로오피스텔)
전화 | 508. 065. 3543
이메일 | teawell@gmail.com

ISBN 978-89-97053-48-3 04590
ISBN 978-89-97053-34-6 (세트)

2007년 운남 용생 보이차

용생 보이차는 고품질의 원료를 사용하며, 제조 과정이 엄격한 품질 관리로 완성된다.

2007 영반지춘(오성)낱편 450,000원

용생차창은 보이차의 본고장인 운남 보이시에 위치, 1996년에 설립되었으며 차 재배부터 가공, 판매를 하며 다원 8만여 묘와 1개의 성급 기술센터, 그리고 27개의 차 초제가공소를 갖추고 있다. 현재 국내 다원 면적이 10만여 묘를 갖고 있는 차 생산 기업이다.

문의 | 010-5090-7889

난향춘조 낱편 350,000원

발행인의 변

동화차엽 플랫폼의 출현이 주목받는 이유는 다음과 같은 두 가지의 이유 때문이다.
첫 번째로는 보이차의 유통 시장에서 정보의 불균형이라는 현상을 해소하고 정보를 공개하면서 누구나 공유할 수 있는 인포메이션 플랫폼을 구축한 것과 두 번째로는 그동안의 전통적인 공방, 즉 노차(老茶)에 대한 진품과 가품이 혼재하는 시장의 현상을 혁신적으로 개선하였다는 것이다.
필자가 동화차엽을 세 번째 방문하면서 진군일 대표의 인터뷰와 함께 그동안 취재한 내용을 종합, 다음과 같이 기사를 내게 되었다.
이는 2020년에 한국에서도 동화와 같은 유통 플랫폼을 운영하게 되는 점을 확인하고 한국에서도 투명한 유통 플랫폼이 성공적으로 이어지길 바라는 의미도 함께한다.

보이차의 유통은 다양한 방식으로 이루어지고 있다.
그동안은 중국 본토에서조차 보이차의 유통이 투명하지 못한 가운데 보이차를 음용하는 계층에서는 항상 불신이 있었던 것이 사실이다. 그것은 오랜 세월 노차에서 진품과 가품에 대한 불신, 가격에 대한 불신이 있었던 것인데, 이는 시장에서 가품 유통 등에 대한 철저한 규제가 따르지 않았던 것이 그 이유일 수 있다. 그러기에 우스갯소리로 보이차는 두 가지의 얼굴을 가지고 있다는 말도 성행했다. 그럼에도 불구하고 보이차는 몸에 좋다는 인식이 있었기에 보이차는 건강에 유익한 차라고 인식이 굳어져 있으며, 또 중국 내 인식 가운데 세월이 오래되면 돈이 된다는 인식도 있다. 동화는 위와 같은 인식을 저간에 두고 중국 사람들조차 가장 돈이 안 된다고 생각해 왔던 2000년대 이후 차, 그중에서 노차를 즐기거나 고수차를 마시는 사람들이 중론으로 외치던 대익보이차에 대한 저평가된 인식을 획기적으로 바꾸어 놓았다.
대익보이차는 중국에서 새롭게 보이차에 대한 인식을 만들어 내고 있는 기업이다. 또 다른 면으로는 전통시장에 대항하여 나타난 신흥세력이기도 하며, 지금까지의 고정관념인 오래된 차가 좋다는 인식을 뒤바꾸려 노력하는 회사이기도 하다. 그러나 전통적인 다른 보이차들과의 변별점, 또는 노차와의 가치 평가에서 많은 핸디캡을 가진 것도 사실이다. 더 나아가 대익의 상표를 달고 있음에도 포장지로 구분 못 하는 가품들이 존재하고 있다는 사실이 더욱 치명적이었다.

그런데, 보이차 계에 혜성같이 나타난 동화차엽 진군일 사장의 보이차 유통 플랫폼은 투명한 검사와 투명한 거래 방식으로 그간 약간의 불신과 투자 대상이 되지 않는다는 대익보이차에 대한 인식을 100% 뒤집고 신경영 방식을 통한 투명한 플랫폼으로 중국 내 유통의 중심에 섰다.

동화에는 팔고자 하는 차가 접수되면 담당자가 정해지고 담당자의 책임하에 검사를 진행한다. 한 편이든 한 통이든 한 건이든 모두 전수검사를 한다. 대나무 껍질로 포장된 차를 풀어서 한 편씩 외관과 내품의 향을 맡으면서 검사를 마치고 동화에서 검사를 마친 도장을 찍은 후 유통 금액을 정하고 동화 사이트에서 거래가 진행될 수 있도록 한다.

1건에 1억이든 10억이든 차가 거래되는 동화차엽에서 보이차 유통의 거대 시장의 움직임을 확인할 수 있다. 다시 말해 보이차의 유통 시장에서 가격이 많이 오른 차들의 짝퉁을 유통하는 문제로 인해 늘 불신이 함께하였는데, 그러한 차들을 동화에서 자체 검사하여 진위를 밝혀내고 그대로 인터넷상에서 유통시켜 주는 플랫폼의 완성은 보이차 시장을 더욱 크게 확산시키는 데 큰 역할을 하였다.

그러나 이러한 해프닝은 중국에서 스스로 만들어 낸 시장구조의 문제 때문에 불거진 재차 검증의 시스템이다. 또 이러한 시장의 고조 덕분에 우리도 상당한 피해를 받은 것 또한 사실이다. 이렇게 자기들 스스로 검증을 통해 믿고 사서 음용할 수 있다고 하니, 이는 중국 스스로 만들어 낸 자업자득인 셈이다. 그러나 이는 비정상적인 시장의 혼란 덕분에 생긴 일이니 우리나라에서는 이러한 검증 절차로 인하여 더 부가되는 비용까지 지불하고 싶지는 않은 것이 사실이다.

본지 발행인
박홍관

표지 해설

철병

: 소장_이원제
: 글_박홍관(본지 발행인)

에도시대 일본에서 만든 것으로 추측되는 이 철병은 동으로 만든 뚜껑 손잡이의 대추 모양부터 하나하나 예술적인 기술이 접목되어 만들어 졌다. 특히 철병의 몸통은 한면에 금으로 입사한 것은 상당히 예술적인 표현을 한 것으로 이 철병이 사용될 시점에 사용자는 궁이나 상당한 사회적인 지휘가 있는 귀족층이 아닐까 여겨진다.

표면은 디자인을 넣을 때 거품집 안쪽에 그림이 들어갈 자리를 남겨두고 후처리하 실용적으로 만든 것이라기 보다는 귀족층에서 사용되었을 것이라 보이는 것으로 철병을 작품으로 만들었기 때문이다.

화려한 철병에는 기본적으로 손잡이에 은 세공이 들어간다. 이 철병에서는 실제 차를 마실 때 사용할 수 있는 크기와 품격을 갖추면서 매우 화려함도 함께 감상할 수 있다.

차도구 감상
백자 화병

: 작가 _정점교
: 소장 _정무경
: 글   _박홍관

이 화병은 순수 흙 맛을 그대로 보여주는 도곡 정점교 만의 작품성을 보여주는 것이다. 고 말할 수 있다. 순백의 바탕과 그 위에서 넘실대는 퓨어 화이트(순백)의 물결? 같은 느낌은 배흘림 기둥같은 살짝 돌아 오른 실루엣과 같이 어울려 작은 크기 임에도 많은 감상의 시점을 던져 준다. 이런 화병에는 한 송이 꽃을 고른다 할지라도 많은 시간이 걸릴 것 같다.

차도구 감상

건요천목(建窯天目)

• 연대 : 남송
• 소장 : 김덕기

천목은 다선일미(茶禪一味)의 풍조가 번지기 시작한 중국 남송 시대에 항주 천목산의 경산사에서부터 유행하기 시작한 흑유다완이다. 당시에는 귀족 사회뿐 아니라 사찰에서도 다연(茶宴)이 성행하여 인근의 고려와 일본 가마쿠라 학승들까지도 천목을 애호하였다. 이 화목(禾目) 천목은 요변에 의해 마치 유적(油滴)이 벼의 눈을 연상시킨다.

말차 위주의 다도가 형성되었던 당시에 다완은 복건성 건양(建陽) 일대에서 생산된 건천목(建天目)이나 강서성 영화진에서 구워낸 길주천목(吉州天目)이 대세였다. 건천목은 요변, 유적, 토호잔 등이 유명하고, 길주천목은 목엽문, 전지문, 기하문의 아름다움을 빼놓을 수 없다.

유적천목이란
검은 유약(釉藥)을 바른 후 구워낸 기물의 표면에 기름방울 같은 작은 반점이 나타나서 시각적으로 오묘한 아름다움을 제공하는 중국산 다완의 일종이다.

- 화목유적다완

模倣모방과 創造창조
: 글: 도일

- 백유흑화 풍화설월차 매병

모방과 창조는 예술의 역사 속에서 늘 논란이 되어왔다. 어떤 관점으로 이를 바라보느냐에 따라 그 평가는 달라지겠지만 모방 속에서 원작보다 훌륭한 작품이 탄생되기도 하고 어설픈 창조의 시도로 졸작을 낳기도 하였다. 어떤 창조물이라도 영감을 받은 근본이 있기 마련이어서 모방되지 않은 완전한 창조란 없다. 20세기의 천재적인 예술가로 인정받는 피카소도 아프리카의 가면에서 영감을 얻어 그의 대표작인 "아비뇽의 처녀들"을 제작했으며, 그의 중요한 큐비즘의 작품들도 의식하든 그렇지 않든 조금씩 자신이 듣거나 보아온 과거의 영향 아래서 작품을 제작하게 되는 것은 부인할 수 없는 사실인 것이다.

잭슨폴록의 광기어린 낙서처럼 보이는 작품이나 엔디워홀의 스크린 복제와 같은 작품은 그 이전의 사람들이 생각했던 예술의 기준을 떠나 새로운 것에 의미를 두고 있다. 이러한 새로운 것에 대한 현대작가들의 시도는 죽은 물고기나 동물의 뇌와 같은 것을 알코올 속에 넣은 것 또는 담가두거나, 작가의 대변을 통조림 속에 넣은 것 또는 속옷과 콘돔이 어지럽게 널려있는 자신의 침실조차 예술화하고 있다. 중요한 것은 이들 작품에 미추(美醜)의 판단을 떠나 이러한 뜻밖의 행위나 가치 창출에 "예술"이라는 이름을 붙이면서 예술처럼 보게 되었다는 사실이다.

- 청자상감운학문매병

이와같은 새로운 예술이란 전혀 존재하지 않았던 것이 아니라 다만 발상과 가치의 전환에서 온 것이어서 여전히 사물을 모방하고 있는 것이다. 서양의 속담에 '태양 아래 새로운 것이 없다(Net thing new, Under the Sun')라는 것은 세상의 무엇이든 어떤 형태로 모방하고 있음을 말해주고 있다.

동양의 예술가 가운데 서예와 그림은 옛사람이 이루어 놓은 명작들을 모방하는 것을 중요한 배움의 하나로 여긴다. 수천 번의 임모(臨模)를 거쳐 기초를 다지는 탱화와 같은 종교적 그림은 물론, 개성을 마음껏 발휘할 수 있는 문인화(文人畵)조차도 그 기본은 고인(古人)의 작품을 임모하는데서 시작된다. 육조시대(六朝時代)의 사혁이 그의 저서인 《古畵品錄(고화품록)》에 그림을 그릴 때 중요하게 여겨야 할 여섯 가지 법(六法) 가운데 선인(先人)의 작품을 모사하고 보고 베껴 전하라는 뜻의 '전모이사(傳模移寫)'를 넣은 후 역대의 거의 모든 화가가 이를 따른 것을 보면 임모가 얼마나 큰 비중을 차지하는지 짐작할 수 있다.

서양에서도 임모가 예술가 자신의 기량의 향상을 위해 가끔 시도되었지만, 임모 자체로써 작품의 가치를 인정받는 것은 드문 일이었다. 그러나 동양에서는 이미 일가(一家)를 이룬 대가(大家)의 경지에 있는 사람도 자주 고인의 명작을 임모할 뿐만 아니라, 이렇게 임모한 작품 또한 하나의 예술품으로 인정이 되는 일이 많이 있었다. 교묘하게 임모되어진 작품들은 원래 작품이 분실되었을 때 원본을 대신하는 것과, 호사가(好事家)들에게는 진본(眞本)은 아니지만 그 작품의 느낌을 전해 얻으려는 가치가 있었던 것이다. 진대(晉代)의 서예가인 왕희지(王羲之)의 '난정서(蘭亭書)'가 당(唐)에 와서 저수량(褚遂良), 구양순(歐陽詢) 등에 의해 임모본들은 후대에 오면서 진본 같은 가치를 지니거나, 낙관(落款)이 없는 경우에는 진본으로 오인되는 일도 드물지 않았다. 원(元)의 화가인 황공망(黃公望)의 명작인 '부춘산거도(富春山居圖)'는 여러사람에 의해 임모되어진 그림인데, 그 가운데 가장 많은 제발(題跋)이 붙어 있는 작품이 서화 수집으로 유명한 건륭황제가 진본으로 여겨 아낀 그림이다. 그러나 뒤에 원본이 나타나면서 그가 소장했던 것이 임모한 그림임을 밝혀지게 되었으며, 이외에도 여러 장의 '부추산거도'가 더 있는 것으로 알려지고 있다. 우리는 새롭게 제작되는 것을 창조, 창작, 창신 등으로 부르며, 과거의 어떤 작품을 베끼거나 빌려온 것을 모방, 임모, 방작으로 부른다. 옛 사람은 글을 쓸 때 '설명하되 지어내지는 않는다'고 하였다. 작(作)은 성현(聖賢)들만이 가능한 것이라고 하여 자신의 글을 '작'이라고 칭하는 것을 꺼리고 대신에 '술(述)'이라는 단어를 사용하였다. 그러므로 작이라는 말 속에는 백성을 이익되게 하기 위하여 성현들이 지어낸 것이라는 큰 뜻이 들어있다. 반면에 '술'은 나름되로 지은 것이긴 하지만 세상에 도움이 되는 성현의 창작에는 비할 수 없다는 겸손을 은근히 나타내고 있다. 위의 단어는 사상이나 학문에 주로 사용되는 글자이긴 하지만 옛사람들이 생각한 '작' 즉 새로운 것을 만듦에 대한 태도를 잘 보여주고 있다.

'모(模)'는 본뜬다는 말로서 원래는 진적(眞蹟)을 아래에 두고 그 위에 종이를 대어 그대로 베낀다는 의미를 가지고 있으니 원작에 가장 가깝다고 볼 수 있고 원본에 충실한 것이어서 옛날에는 그 가치를 창작한 작품만큼이나 중요시되었다. '임(臨)'은 원작을 앞에 두고 보면서 제작하였지만 본뜬 것처럼 완벽하지 않으며 누구의 어떤 작품을 모본으로 한 것인가를 알 수 있다. 일반적으로 대가의 서화를 배울 때 가장 많이 이용하는 법으로 서예가들이 옛 비첩의 글씨를 보고 쓸 때 '임서(臨書)'라고 하는 것이 이 예에 속한다.

'방(倣)'은 어떤 특정한 작가의 필법이나 특징을 흉내 내어 제작하는 법인데 많은 서화가들이 이미 기량이 능숙한 뒤에도 옛 사람을 방하는 것을 자주 볼 수 있다. 오원(吾園) 장승업이 자신의 그림에 원나라 사람을 방하여 그린다 라는 뜻의 '방원인(倣元人)'이라는 화제(畫題)를 붙인 것이 그 예이다. 또 방과 비슷하게 사용되는 단어로 '의(擬)'가 있다. 그런데 이러한 '방'과 '의'는 무조건 옛 사람을 추종하는 것이 아니라 고인의 작품 특징들을 따오지만 그에 대한 나름대로 자신의 해석이 들어있는 점이 중요하다.

조선초기의 대 수장가(收藏家)였던 안평대군의 지지를 받았던 안견(安堅)의 명작인 '몽유도원도' 역시 그 화법은 송(宋)나라 사람인 곽희(郭熙)의 필법을 '방'하고 있지만 그림의 전개와 장법(章法)은 안견의 독자적 해석이 있는 작품이다.

임모하거나 방작한 작품도 충분히 감상하고 소장할 만한 가치가 있었기 때문에 복고(復古)적인 작품만 제작한 작가가 있을 정도였다. 그러나 이러한 임모나 방작이 범람하는 풍토 속에 작가의 개성과 독창성을 앞세우는 사람들도 있었으니 명말(明末)의 석도(石濤)와 팔대산인(八大山人), 서위(徐渭) 그리고 청의 양주팔괴(揚州八怪) 등은 대표적인 인물들이었다. 특히 석도는 남종화와 북종화가 있고 글씨에는 이왕의 법이 있다 ··· (중략) ··· 나에게 남종이냐 북종이냐를 물으니 내 법이 종법(宗法)을 따르란 말인가? 아니면 종법이 내 법을 따르란 말인가? 나는 배를 두드리며 말하기를 나는 내 스스로의 법을 사용한다.'라고 하며 강력히 창조성을 주장하고 있으며, 실제 그의 작품의 구도와 설색(設色)에서 종래에 보지 못한 참신한 화풍을 나타내어 후학들에게 큰 영향을 끼치고 있다. 또한 석도처럼 왕자 출신의 스님이면서 화가였던 팔대산인의 작품도 개성이 강한 자유스런 표현으로 현대미(現代美)마저 느끼게 한다. 그러한 이 두 사람조차도 가끔은 방작을 하였으니 모방과 창조는 두 개의 수레바퀴처럼 예술의 축에 끼워져 있으며 늘 함께 굴러야 할 운명인 것이다. 누구보다도 독창을 중요시한 석도가 그의 화론에서 '경험과 지식 중에 경험이 먼저이고 지식은 그 다음이며 인식이 깊어진 연후에는 경험이 더욱 깊어진다.'고 하여 옛것에 대한 인식과 경험을 창작을 위한 중요한 과정으로 보고 있다. 모방으로 인한 작품이 생명력이나 발전성은 작가에 따라 크게 달라지기도 한다. 허유(許維)는 추사 김정희가 키워낸 조선 말기의 남종화의 거목으로 스승의 지도에 따라 충실히 중국그림을 임모하며 만년까지도 그 범주 속에서 작품을 남기고 있다. 원대의 화가 황공망의 대치(大痴)라는 호를 따서 소치(小痴)라고 불렀던 그로서는 어쩌면 당연한 결과인지도 모른다.

소치 뿐만 아니라 중국 취향적인 예술관을 가졌던 추사의 제자들 거의가 중국식 남종화나 문인화의 영향 속에서 자신들의 돌파구를 찾고 있었던 것이다. 그럼에도 불구하고 진정한 의미에서 임모를 뛰어넘어 독자적 경지를 개척한 사람은 추사 자신 뿐이었으니 이것은 그가 남긴 '세한도(歲寒圖)'나 '부작난도(不作蘭圖)'에 개성이 잘 나타나 있다. 모방을 통해 창조에 성공한 사람으로 현대 중국의 화가 장대천을 꼽을 수 있다. 장대천은 석도를 임모하여 그의 위작을 만들만큼 뛰어났으며 그 위에 송원(宋元)의 명적까지 널리 임모를 하여 힘을 얻었다. 만년에 사용한 발채화법(潑彩畵法)은 원래 발묵법(潑墨法)에서 먹을 색으로 대체한 것뿐이지만, 용법의 다양함과 큰 스케일로 새로운 경지를 개척하여 이른바 '옛 법에 따르며 새롭게 창작한다(法古創新)'는 임모의 본래 목적에 부합하고 있다. 동양의 전통적인 예술관은 모방과 창조를 이분화(二分化)하는 것보다 모방하는 가운데 새로운 창조가 있으며 창조 속에서 옛 법이 자연스럽게 배여있는 것이었다.

모방이 문제되는 것은 모방된 작품이 진적처럼 변하거나 작가가 자신의 작품 속에 모방했음을 밝히지 않아 혼돈을 초래할 때이다. 모방이 작품적 가치를 상실한 것은 서양의 예술 사조가 들어온 뒤부터인데 이것은 서양의 잣대로 동양의 예술품을 평가하는 것이어서 정확한 것이라 할 수 없다. 마치 여백을 중시하는 동양의 그림을 공간에 남김없이 색을 칠하는 서양화법의 관점으론 올바른 평가를 내릴 수 없듯, 동양 천여 년의 예술 철학을 어떤 새로운 관념으로 보면서 문제시하는 것은 어리석은 일일 것이다.

모방과 모조(模造)는 얼핏 보면 비슷한 단어이지만 그 용법에 있어서는 큰 차이가 있다. 모방은 위에 언급한 것과 같이 고인을 배우기 위한 수단으로 행해지며 그 작품성도 인정받는 것이지만, 모조는 모방한 것임을 감추고 진품처럼 보이도록 만들어진 것을 말한다.

모조는 흔히 말하는 위작(僞作), 위조(僞造), 안물(贋物) 등으로도 부르며 진품이 아님이 밝혀지게 되면 그 가치는 상대적으로 없어진다. 때로는 전문가도 속을 정도의 모조품이 등장하는 것을 보면 기량이 뒤어난 작가가 없는 것도 아니지만, 현실적인 어려움과 그 능력을 자신의 작품으로 발전시킬 제도적 장치가 없는 것이 위작이 등장하는 배경인 것이다. 이웃 일본에서는 이러한 안물을 취미 삼아 수집하는 수장가가 있을 만큼 "알려진 위조품"이 적절하게 거래되기도 한다. 이와 같은 모조에서 생긴 부정적인 이미지가 모방에 까지 미쳐 모방의 본래 뜻을 호도하고 있는 것이다. - 다음호에 계속

우롱차(乌龙茶)의 공정 및 특징에 관하여

: 茶쟁이 진제형

- 복건성 안계현 철관음 생산 지역 차밭 전경

우롱차는 참으로 복잡 미묘한 차이다. 녹차는 그냥 발효를 하지 않으면 되고, 홍차는 발효를 완전하게 하면 된다. 하지만 우롱차는 발효를 하다 중간에 중지하여야 한다. 어디서 어떻게 중지하는가에 따라 품질이 많이 좌우되고 결과적으로 시장에서의 가격도 크게 달라진다.

우롱차는 청차(青茶)라고도 불리는데 반발효차(半发酵茶)에 해당된다. 발효 정도는 통상 20 ~ 60%라고 얘기하지만 청향형(青香型) 철관음(铁观音)은 10% 정도, 그리고 대만 우롱인 동방미인(东方美人)은 80%에 이른다고 하니 범위가 상당히 넓다.

발효(发酵, fermentation)라는 용어는 여기서는 차 세포 내의 폴리페놀옥시데이스(Polyphenol oxidase, PPO)와 퍼옥시데이스(Peroxidase) 등의 산화효소와 기질인 폴리페놀의 산화 반응을 일컫는다는 것을 먼저 밝혀 둔다.

우롱차나 홍차 등의 발효차가 만들어질 때는 폴리페놀의 산화 뿐만 아니라 다른 변화들도 함께 일어난다. 엽록소가 분해되어 색상의 변화가 일어나고 또 많은 향기 성분들이 생성되게 된다. 이 모든 변화가 어우러져 우롱차의 최종 품질이 결정될 것이다.

우롱차가 특별한 이유는 무엇일까?

과연 무슨 연유로 그토록 다양한 향기와 색상을 가진 많은 우롱차들이 세상에 존재하고 있는 것일까?

공정별로 살펴보면서 알아보자.

1. 채엽

우롱차는 채엽 기준이 특이하다. 일반적인 차들은 어린 싹이나 여린 잎으로 차를 만들어야 품질이 높아지는데 반해, 우롱차는 싹이 다 자라 큰 잎이 되어서야 채엽이 시작된다. 그러므로 생산 지역이 중국의 경우 남쪽이어서 아주 따뜻함에도 불구하고 빨라야 4월 초가 되어야 찻잎 수확이 시작된다.

이러한 채엽 기준은 소개면(小开面), 중개면(中开面), 대개면(大开面)이라는 개념으로 설명한다. 소개면은 첫 번째 잎이 두 번째 잎의 1/3 정도 크기일 때, 중개면은 2/3 크기일 때, 대개면은 두 잎의 크기가 거의 비슷할 때라고 정의한다.

- 철관음 채엽 표준. 왼쪽부터 소개면, 중개면, 그리고 오른쪽이 대개면이라 볼 수 있다

채엽 기준이 이렇게 다른 이유는 뭘까?

차 싹보다는 큰 잎이 되었을 때 향기 성분의 생성에 유리한 전구체(Precursor) 들이 많이 들어 있기 때문이라고 얘기한다. 다시 말하면 싹으로 만들면 좋은 품질의 우롱차를 만들 수 없기 때문이라고 할 수 있다. 오랫동안 다양한 사람들이 끊임없는 시도로 실패와 배움을 통해서 알아낸 결과가 아닐까 한다.

우롱차는 잎이 큼지막해서 정교해 보이지 않지만 사실은 그 어떤 차보다도 정교하게 만들어진 차라는 것을 알아야 한다.

이런 채엽 기준에도 예외가 있다.

발효도가 가장 높은 대만 우롱차인 동방미인(东方美人)의 경우에는 싹을 포함한 일아이엽을 채엽 표준으로 한다. 이 차의 가장 중요한 요구 조건인 소록엽선(小绿叶蝉)에 의한 영향을 받아야 하고, 또 제조 공정 및 맛 특성도 홍차와 비슷하기 때문에 이런 채엽 표준을 선택 했으리라 본다.

– 동방미인의 채엽 기준. 일아이엽이므로 싹이 포함되어 있다. 그리고 소록엽선 –

채엽 시기와 관련된 또 다른 우롱차만의 특징이 있다.

우롱차 이외의 모든 차들은 봄에 딴 차가 가장 품질이 좋고 가장 비싸다. 하지만 몇몇 우롱차의 경우 이 공식이 적용되지 않는다. 철관음 청향형의 경우 향을 중요시 여기는데, 가을차가 봄차보다 품질이 높다고 하고 가격도 높다. 또한 대만의 우롱차 및 봉황단총 등의 경우에도 가을차 또는 겨울차(冬茶 또는 冬片)가 향이 더 좋아 가격이 더 높은 경우가 많다.

2. 위조(萎凋, Withering)

- 동방미인의 실외위조

수분을 증발시키면서 다음 공정인 발효가 용이하도록 환경을 조성하고 최후 공정인 건조를 쉽게 만든다. 또한 위조 과정 중에 향기 성분의 생성 등 차엽 내 성분의 많은 변화가 일어날 것이다.

3. 주청(做靑, Making Green)

주청 이야말로 우롱차의 특징을 결정짓는 가장 중요한 공정이다. 일반적으로 요청(搖靑, Rocking Green) 공정과 량청(晾靑, Leaf Cooling) 공정으로 나눈다.

요청 공정은 찻잎의 세포를 부수어 위에서 언급한 산화(또는 발효라고 통칭하는) 반응이 일어날 수 있는 조건을 만들어 주는 과정이다.

- 철관음의 요청 공정

량청 공정은 온도와 습도의 조절 하에 실제적으로 산화 반응이 일어날 수 있도록 시간을 충분히 제공해 주는 것이다.

- 철관음의 량청 공정. 사람 사는 공간에는 에어컨이 없어도 차를 만드는 곳에는 설치되어 있다.

이 주청과 량청 공정은 간단하게 끝나는 것이 아니라 여러 단계로 긴 시간이 필요하고, 각 단계마다 종료 시점을 정확하게 판단하여야 하는 아주 민감한 작업이다.

철관음의 주청 공정을 살펴보자.

보통 3 ~ 4회에 걸쳐서 진행된다. 일반적으로 요청기를 사용한다. 첫 번째 요청은 60 ~ 90회 정도 (시간으로는 2 ~ 3분) 회전시킨다. 그 후 량청 공정을 1.5 ~ 2시간 정도 진행시킨다. 두 번째 요청은 120회에서 200회 정도로 좀 더 길게 하며, 다시 량청을 1.5 ~ 2시간 진행한다. 세 번째 요청은 다시 더 많이 회전(180 ~ 400회)하게 하고 량청도 더 길게(2 ~ 3시간) 한다. 마지막 네 번째는 가장 길게 요청하고(300 ~ 600회) 가장 길게 량청(3 ~ 4시간)을 한다. 실내 온도를 20도 정도로 유지하면서 다음 공정인 살청을 준비한다.

- 철관음 주청 공정이 끝난 후 찻잎의 모습. 청향형이니 발효 정도가 높지 않다. 이 정도면 일홍구록(一红九绿) 정도로 말할 수 있다

요청 정도와 량청 시간은 찻잎의 상태나 날씨 조건에 따라 미세하게 조정해야 함은 말할 나위 없다. 대충 계산해 보면 알겠지만 주청 공정에 걸리는 시간이 짧게는 8시간에서 길게는 12시간 정도가 된다. 주로 저녁부터 다음 날 아침까지 이루어지므로 쪽잠을 자면서 이 섬세한 공정을 돌보아야 한다.

또 한 가지 예를 보자.

대만 우롱인 동방미인(东方美人)은 내가 본 우롱차 중에서 가장 섬세하고 길게 주청 공정을 하는 차이다. 여기서는 요청이라는 용어 대신에 낭청(浪箐), 량청이라는 용어 대신에 정치발

酵(靜置发酵)라 표현한다. 내가 가 본 차창에서는 총 5회에 걸쳐서 진행하였다.

첫 번째 낭청은 몇 초 동안 차엽을 부드럽게 만지는 것으로 끝난다. 그 후 대나무 채반에 얇게 펴서 약 2시간 정도 정치발효를 시킨다.

두 번째 낭청은 처음보다 약간 긴 20초 정도, 세 번째 낭청은 약 30 ~ 40초 정도 차엽을 부드럽게 만지면 된다. 각각 대나무 채반에서 1시간 반 정도 정치발효를 시킨다.

- 동방미인의 낭청 공정. 차엽을 부드럽게 만지는 것으로 끝난다

네 번째 낭청은 살청기로 사용하는 원통형 설비를 쓰되 온도는 올리지 않은 상태로 아주 천천히 10 ~ 15분 정도 회전시킨다. 그 후 대나무 채반에서 약 1시간 반 정도 정치발효를 시킨다.

다섯 번째는 위 설비로 다시 약 30분 정도 돌리고 나서 사람이 손으로 20 ~ 50분 정도 부드럽게 뒤집어 주는 과정이다.

마지막으로 약 3 ~ 3.5시간 정치 발효를 시키면 총 10 ~ 15시간 정도의 기나긴 주청 공정이 끝나게 된다. 동방미인의 경우 이렇게 복잡하고 사람 손이 많이 가는 모든 과정이 24시간 이상이 걸리는 관계로 대개 2 ~ 3개의 조가 돌아가면서 차를 만들게 된다.

- 동방미인의 5차에 걸친 낭청과 정치발효 후의 차엽. 다른 우롱차에 비하면 발효도가 상당히 높다는 것을 알 수 있다

4. 살청(殺青, Enzyme inactivation)

발효가 계속 진행된다면 맛과 향이 변할 것이다. 원하는 품질에 도달했다면 고온으로 산화 효소를 불활성화 시켜 산화(발효)가 중지되도록 해야 한다.

5. 유념(揉捻, Rolling)

세포를 물리적으로 부수어 차가 잘 우러나오도록 한다. 철관음의 경우 모양 만들기와 유념을 동시에 진행하는데 이 공정을 포유(包揉)라 한다.

- 철관음의 포유 공정. 거의 마지막 단계에 이르면 차엽으로 단단한 공 형태가 만들어진다

6. 건조

건조를 충분히 하여 모차(毛茶)를 완성한다. 이 공정을 끝으로 차 만들기가 완료되기도 하지만 대개는 보관하면서 다음 공정을 거친다.

7. 선별

우롱차는 대부분 가지 채로 수확을 하니 가지를 제거해 주는 공정이 필요하다. 여러 종류의 기계를 쓰기도 하지만 사람 손을 거쳐야 원하는 품질에 다다를 수 있을 것이다.

가지야 그렇다 치고, 우롱차에서는 노엽(老叶)이 품질에 미치는 영향이 생각보다 크므로 제거해 주는 것이 좋다.

여기서 표현하는 노엽은 사실 그 해에 나온 새로운 잎이다. 가공 공정 중에 좋은 작용도 하는데, 여린 잎들을 보호하고 또 유념 과정에서 맛 성분들(차 진액)을 차엽 표면에 부착시켜 차맛을 증가시킨다.

- 철관음의 유념 후 모습. 차엽 표면에 차즙이 많이 나와 있다.

하지만 최종 제품에서 노엽이 제거되지 않는다면 목질부를 뜨거운 물에 우릴 경우의 나무냄새 느낌이 나서 향기와 차탕의 맛에 영향을 미치고, 때로는 입안에서 불편한 느낌을 초래하기도 한다.

- 무이암차의 선별. 왼쪽이 제거되어야 할 노엽이고 오른쪽이 좋은 찻잎이다

노엽이 잘 제거되었다면 인건비가 들고 수율은 낮아지므로 가격이 상승하는 것은 당연한 이치다.

8. 홍배

홍배는 색,향,맛, 그리고 건차의 모양까지 결정하는 중요한 공정이다.

무이암차, 철관음 농향형, 봉황단총 등의 우롱차들에서는 홍배 공정이 품질에 미치는 영향이 상당히 높은 반면 철관음 청향형과 대부분의 대만 우롱들은 그렇지 않다.

이전에는 천편일률적으로 홍배 정도가 강한 것 위주로 되어 있었는데, 요새는 품종향을 살리기 위해서 홍배를 약하게 하는 시도도 눈에 띈다. 보관성이 낮아 빨리 소비를 해야 하는 단점이 있지만 색다른 맛과 향을 즐길 수 있다는 것은 행복한 일이다.

홍배 방식으로는 열풍 홍배기를 쓰기도 하고 전기 홍배기를 사용할 수도 있지만 좋은 품질을 얻기 위해서는 탄배(炭焙)를 고집해야 한다.

- 무이암차의 탄배 공정 -

나무의 선택에서부터 아궁이(배갱, 焙坑)에 밑불을 준비하고 재의 두께로 온도를 조절하고, 열 몇시간 동안 계속해서 주기적으로 뒤집어 주고, 이러한 과정을 몇 달에 걸쳐서 2 ~ 3번 반복하고…

시장에서 원하는 정도에 맞춰서 약하게(轻火), 중간 정도로(中火), 그리고 강하게(足火) 홍배를 조절해야 한다. 홍배가 끝나고 난 후에도 맛과 향이 안정되기 위해서는 숙성 과정(退火)까지 몇 주 정도 거치면 비로소 개완(盖碗)에 담기고 차호(茶壶)에 담겨 멋을 뽐낼 수 있는 기회를 가지게 되는 것이다.

무이암차나 봉황단총의 경우 5월이 가기 전에 모차(毛茶)가 완성됨에도 불구하고, 이 모든 과정을 끝내고 제대로 된 차맛을 보려면 빨라도 9월말은 되어야 하고 바람직하게는 연말 가까이 되어야 하는 것이다.

이토록 전문가의 손이 많이 가는 섬세하고도 복잡한 공정을 거치고 나서야 우롱차는 비로소 완성된다. 만드는 과정에서 조금이라도 잘못된 판단이 개입된다면 제대로 된 품질이 나올 리 없다. 매일 다른 날씨 환경, 매번 다른 원료 상태를 종합하여 언제 다음 공정으로 넘어갈 지, 언제 발효를 중지하고 살청 단계로 넘어갈 지에 대한 정확한 판단이 필요하다.

- 동방미인의 정치발효 중 다음 단계로 언제 넘어갈 지에 대한 전문가의 섬세한 판단이 중요하다.
  오감 특히 후각을 이용하여 세밀하게 느껴 보아야 한다

우롱차의 공정 중 어느 하나라도 중요도가 떨어지는 것이 없으리라 보지만, 그 중에서도 우롱차의 다양성과 품질에 가장 큰 영향을 끼치는 공정을 뽑으라면 단연코 주청과 홍배 공정이다.

발효 정도와 홍배 정도에 따라서 향, 맛, 그리고 차탕의 색상까지도 결정 나게 된다.

거기다 좀 더 맛을 깔끔하고 고급스럽게 얻기 위해서는 선별 공정의 중요성도 절대로 간과해서는 안된다.

이상으로 공정에 대한 이해를 기반으로 우롱차의 특성에 대해서 살펴보았다. 넓고도 깊은 우롱차의 매력을 같이 느꼈으면 하는 바램이다.

茶쟁이 진제형님은 식품공학 학사와 석사를 졸업하고 국내 대기업 및 다국적 기업의 음료와 차 제품을 포함한 식품을 개발하는 연구원으로 23년 넘게 재직하고 있다. 12년 전부터는 중국 상해에 거주하면서 중국 현지의 차 관련 소식을 블로그 (중국명차연구소, blog.naver.com/jehyeongjin)와 인스타그램(jin4tea)을 통해서 으라茶茶 이선혜님(인스타그램 tea_tea_cha_cha)과 함께 생생하게 소개하고 있다.

차도구 컬렉터

: 이원제 회장
: 글_박홍관(본지 발행인)

　차도구를 수집하고 차를 즐기며 조금씩 더 깊은 세계로 다가가는 가운데 현대 보이차 시장의 큰 흐름을 짚어나가면서 컬렉터로서 광주 이원제 회장을 차실에서 만났다.

회장님이 차도구에 많은 관심을 가지신 계기는 어떻게 되는가요?

차도구를 만나기 전에는 그림을 좋아해서 2000년대 이전에는 서울 인사동에서 그림 전시회를 보러 다녔는데 2000년대에 들어와서는 지인의 소개로 보이차를 접하게 되었습니다. 초기에는 광주지방에서 차인들과 교류하고 서울 인사동을 비롯하여 여러 차전문점을 찾아다니면서 차를 마시고 조금씩 구입하여 마시는 과정에서 취미가 되었습니다.

회장님은 자사호에도 많은 관심이 있으시다고 알려졌는데 자사호에 대해서 아시는 대로 알려주시기 바랍니다.

보이차를 마시다 보니 자연스럽게 차를 우려내는 도구의 하나인 자사호를 구입하여 사용해 보면서 상당히 예술적인 면도 있다는 점을 알게 되었습니다. 그래서 자사호의 본 고장인 중국 의흥을 방문하여 대사급 작가를 찾아다니면서 교류하게 되었습니다.

대사급 작가와 특별한 교류를 가진 분이 있다면 소개해 주세요.

대표적인 작가로는 이창홍 대사가 있는데, 이 대사는 그림도 잘 그려서 직접 그린 그림을 선물로 받기도 했습니다. 그 외 서한당, 서수당, 하도홍, 계익순, 진국량, 주단 등을 직접 만나 뵙고 그분들의 작품 세계를 이해하는 시간을 가지게 되면서 자사호에 관심을 깊게 가지게 되었습니다.

한국의 1세대 사기장의 작품도 관심이 많은 것으로 알고 있습니다. 보통 중국차와 도구를 취급하시는 분들은 한국의 차도구에 관심이 덜한 편인데 회장님은 어떤 특별한 이유가 있으신가요?

한국 차도구를 다완에만 국한해서 수집했는데, 특히 1세대 사기장의 작품 가운데 정점교, 신정희, 김정옥, 천한봉, 김성기 중에서도 초기 작품에 관심을 가져왔습니다. 그 당시 작품들은 조형성이 부족한 부분도 있지만, 이분들로 인해서 그 대를 이어가는 것을 볼 수 있기 때문입니다. 특히 말차를 마시는 다완에 있어서는 각자의 특징이 있는데 그것이 우리 시대를 대변하는 것으로 보입니다.

보이차는 특별히 노차보다는 2000년 이후 현대 보이차에 대해서 관심을 가지고 있는 것으로 알고 있습니다. 특별한 이유가 있으신가요

보이차를 수집하는 방향을 생각할 때, 자연이나 인간이나 대동소이하다고 봅니다. 현대화되고 개발된 모습을 보면 발전적으로 변해왔던 것처럼 보이차도 그 일환으로 보고 있습니다. 2000년 이후 맹해차창의 후신인 대익보이차의 생산과 유통을 보면서 보이차는 향후 마시는 보이차와 금융상품의 두 가지로 구분될 것으로 생각됩니다.

예를 들면 2018년에 생산된 대익 천우공작을 조금 소장하고 있는데 판매 당시 1건에 한국 돈으로 2,000만 원 미만으로 거래되었습니다. 그런데 2019년 12월 15일 현재 1건당 5,000만 원을 호가합니다(중국 동화차엽 시세판 기준, 수수료 비용 포함).

두 번째는 헌원호인데 2017년 출시 당시에 2,000만 원 미만으로 출시되었는데 현재 수수료 비용 포함 1건당 1억 원(한화)을 호가합니다(중국 동화차엽 시세판 기준). 이런 현실을 부정할 수 없지 않겠습니까? 그래서 이런 류의 보이차는 금융상품이라고 생각합니다.

금융상품이라는 것은 재테크 목적으로 소장해야 한다고 봅니다. 개인적으로 만든 차나 중소업체에서 만든 차들 중에도 대단하고 훌륭한 차도 있겠지만 시장에서 가치를 평가받는데 시간이 오래 걸리는 것으로 보입니다. 그러나 브랜드 차들은 시판 초기부터 마시는 차와 재화로 구분되는 차이가 있습니다.

그래서 마시는 차와 금융상품으로의 차를 구분하면서 보이차를 접해야 된다고 개인적으로는 생각합니다. 끝으로 좋은 보이차를 취미 삼아 마시는 것은 건강과 행복 지수를 높여 줄 것으로 봅니다.

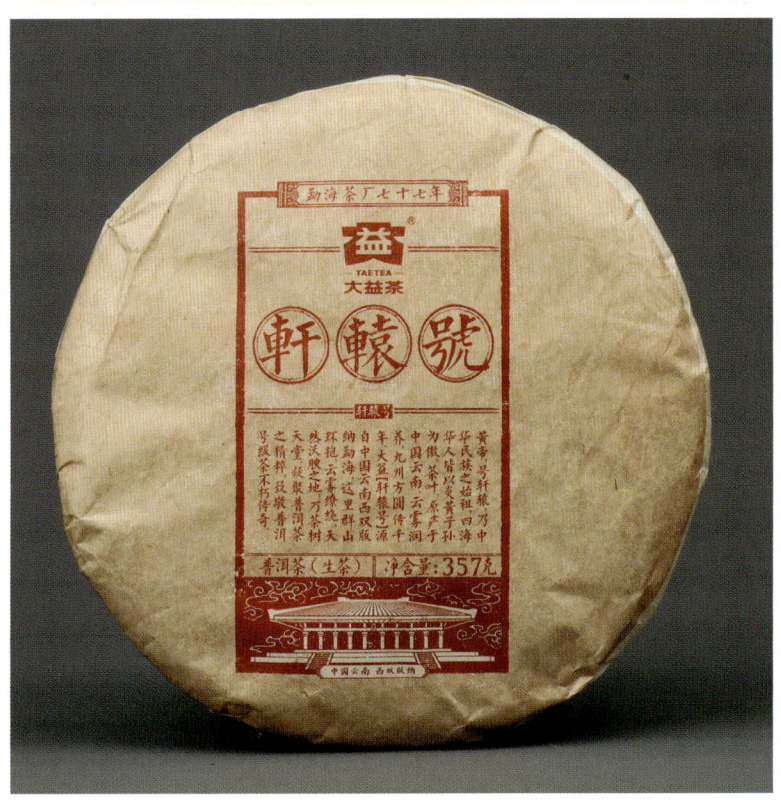

보이차 거래 풀렛폼

중국의 보이차 거래 플랫폼
동화(東和) 차엽

: 편집실

- 동화차엽방문(이원제회장, 진군일대표)

    차는 중국에서 기원하는데, 중국이라는 땅덩어리에서 잉태해낸 신기한 찻잎은 제조 방법에 따라 서로 다른 종류의 차를 탄생시켜 차를 애호하는 광대한 사람들의 입맛을 만족시켜 주었다. 더욱이 보이차 노차인(老茶人)은 20세기 80년대에서 21세기 초기까지 왕왕 불원천리하고 보이차 산지인 운남의 서쌍판납(西雙版納), 보이(普洱), 임창(臨滄), 대리(大理), 보산(保山), 곤명(昆明) 등지까지 달려가서 보이차를 골라 구매해서는 다시 화물운송으로 방촌(芳村)까지 운반해갔다. 낙후된 교통조건의 제약으로 인해 이는 필연적으로 고생스러운 과정이었으니, 비단 사람들뿐만 아니라 보이차조차도 함께

요동치게 했다.

그 시기에는 대개가 차엽 수출입회사, 토산품 회사 및 차엽 유통업자들의 보이차 상품구매는 운남차 저장 판매와 동일해서 보이차가 대종 상품이 되게 했다. 이런 패턴의 거래 하에서 운남은 보이차의 일급시장 교역센터가 된바, 어쩌면 '센터'란 말은 좀 모호하기는 하다. 왜냐하면 범위가 지나치게 광범하기 때문이다. '상대적인 집중'이란 말이 더 객관적인 표현일 게다. 보이차의 각 대주 산지 및 제다지역에 '집중'시키면 '상대'도 이와 동일하다.

그래서 말하건대 '상대적인 집중'의 다른 일면인즉 바로 '상대적인 분산'이다. 최대한도로 형성된 규모의 우세가 없는데 여기엔 운남 보이차 자원 분산의 천연적 원인이 있고 역사적 원인도 있어서 크게 비난할 바가 없고 또 어쩔 도리도 없다. 반대로, 분산의 또 다른 면은 광동 차인들이 가져온 풍부한 보이차를 시음해 보면서 비로소 오늘날 방촌(芳村) 차엽시장의 허다히 많은 권위 있는 제품이 나타나게 된 것이니, "새옹지마가 어찌 복이 아님을 알 수 있겠는가?!"란 말이 아마도 이런 뜻일 게다.

이와 동시에, 보이차 일급 교역센터가 '상대적인 집중'(혹 '상대적인 분산')할 때 보이차 이급시장의 교역센터는 오히려 점점 형성되고 또 공고히 해져 강한 것은 항상 더 강해졌으니, 단기간 내에는 누구라도 그 지위를 대체할 수가 없게 됐는데 그게 다름 아닌 방촌(芳村)이다.

사회의 발전 특히 교통조건의 개선에 따라 광주(廣州)에서부터 곤명(昆明), 경홍(景洪) 등지에 이르는 지역은 급격히 변화한바, 빠른 속도로 이 지역 산지에까지 곧바로 도달하게 됐다. 교통조건의 개선은 달리 물류산업의 발달도 가져온바, 보이차의 화물이동과 운송에 시간상 원가의 우세를 제공하였다. 그리고 또 하나 즉 과학기술의 진보는 인터넷이 일상생활의 매 일환에까지 파죽지세로 스며든 것이며, 또 지불 방식이 나날이 새로워진 혁신(지불하는 시간 원가와 자금 원가를 떨어뜨렸다)을 포함해서, 이 모두가 보이차 이급시장 교역센터의 최종적으로 방촌(芳村)으로 낙점되는 데 없어서는 안 될 버팀목을 제공하며 초석이 되었다.

이는 차례대로 한 걸음씩 앞으로 나아가는 과정으로서 또한 하나의 기적을 창조하는 과정인 동시에 산업전문화를 창조해가는 과정이기도 하다. 산업전문화란 바로 오늘날 방촌(芳村)이 전 중국의 모든 뭇 차엽시장 중에서 특출한 핵심요소와 경쟁력을 지니게 된 점이다. 동화(東和)차엽은 곧 보이차 교역 산업전문화의 축소판이자 또한 방촌(芳村)이 보이차 이급시장 교역센터가 된 하나의 방증인 셈이다. 물론 그건 또한 방촌(芳村)이란 이 보이차 교역의 옥토에서 기원했기에 물이 흐르는 곳에 도랑이 절로 생성되듯 대지를 뚫고 출토한 바라, 혹여 우리에게 무언가 계시를 일러주는 것 같기도 하고, 또한 응당 우리에게 계시를 하건대 흠모하는 데에 국한하거나 머무르지는 않을 것이다.

"중국 보이차가 전 세계로 유통하는" 사명을 짊어지다.

 오늘날 보이차 교역플랫폼은 정분식(井噴式) 발전이 되었는데 이는 누가 선구자가 돼서 보이차 교역시장의 발전을 리드해나갈 것인가?
 동화(東和)차엽이라는 회사가 있는데(웹사이트 https://www.donghetea.com/), 그들은 "중국 보이차의 전 세계 유통"이란 막중한 책무를 맡고서 온종일 시장 구석구석까지 돌아다니면서 활약하고 있다. 그들은 먼저 한쪽 구석머리에 은밀히 숨겨져 있던 한 무더기의 문제점들을 발견해냈다. 예컨대 차엽 교역과정 중에 불법상인들이 남과 북의 정보가 비대칭한 걸 이용해서 제멋대로 가격을 불러대 차등품을 좋은 것이라고 충당하거나 짝퉁을 판매하는 등등.

이러한 것들은 차엽 판매의 폭발적인 거래 아래에 은밀히 숨겨져 있던 문제들로서 줄곧 중시되지 않았다. 2008년에 그들은 단호하게 차엽시장의 중개서비스를 개시하여 안전하고 전문적이고 고급스러운 보이차 교역플랫폼을 마치 주식증권에는 증권거래소가 있듯이, 동화(東和)차엽은 이급시장의 제삼의 중개인이자 판매자와 구매자 양측 모두에 중개서비스를 제공하는 하나의 교역플랫폼이 돼서 차후의 보이차 교역시장을 위한 한 가닥 새로운 형태의 길을 개척한 셈이다.

동화(東和)의 출현은 차엽 교역시장의 정보 비대칭과 노차(老茶)의 진품과 가품이 섞여 혼란해진 현상을 개선하였으니, 거래시장이 규범화되고 표준화되게 유도하여 훗날 더욱더 많은 우후죽순처럼 솟아 나오듯 나타난 교역플랫폼을 위한 하나의 모범적인 귀감을 구축해냈다 하겠다. 동화(東和)는 "고급의 안전하고 전문적인 보이차 교역플랫폼"을 만든다는 것을 구호로 삼고 또 업무 자체의 특징을 둘러싼 것으로부터 출발해서 삼대 표준안을 창안 제정해내 두 가지 안전책을 보장했다.

中国的普洱茶交易平台——东和茶叶交易平台

茶起源于中国，中华这块土地孕育出这片神奇的叶子，因工艺不同，而诞生不同的茶类，满足广大爱茶之人的口味。对于芳村的老茶人，尤其是普洱茶老茶人，在20世纪80年代至21世纪初期，往往会不远千里，前往普洱茶的产地——云南西双版纳、普洱、临沧、大理、保山、昆明等地挑选、采购普洱茶；再以货运的方式运输到芳村。限于交通条件的落后与制约，这注定是一个颇为艰辛的过程——不止人颠簸，连普洱茶也跟着颠簸。

那个时期，普洱茶的交易多是茶叶进出口公司、土产公司以及之后的茶叶经销商对普洱茶产品的采购,与历史上滇茶藏销等一样,使普洱茶成为大宗商品。这种模式的交易下,云南成为普洱茶的一级市场交易中心,可能"中心"之说稍微显得宽泛、模糊,因为范围过于宽广,或许"相对集中"的说法更显客观,;"集中"于普洱茶的各大主产区以及制造地区,"相对"同样是如此。

所以说"相对集中"的另一面,就是"相对分散",没有最大限度的形成规模优势,这有云南普洱茶资源分散的天然原因,也有历史原因,无可厚非,也无可奈何;反之,分散的另一面是为广东茶人带来了丰富的普洱茶口感体验,也才有今天芳村茶叶市场上众多的经典产品的呈现,"塞翁失马,焉知非福",大概如此。与此同时,与普洱茶一级交易中心"相对集中"(或"相对分散")的时候,普洱茶二级市场的交易中心却在渐渐形成,并趋于稳固,且强者恒强,直至短期内谁也无法取代它的地位。它,就是芳村。

随着社会的发展,尤其是交通条件的改善,从广州到昆明、景洪等地变得便捷,可以快速地直达产区;交通条件的改善还带来了物流业的发达,为普洱茶的调货、运输提供了时间成本优势。还有一点,即科技的进步,包括了互联网摧枯拉朽般的渗入生活的每个环节,以及支付方式日新月异的革新(降低了支付的时时间成本、资金成本),都为普洱茶二级市场的交易中心最终花落芳村提供了必不可少的支撑,乃至成为基础。这是一个循序渐进的过程,也是一个创造奇迹的过程,同时还是一个创造专业化的过程。而专业化,正是今日芳村在整个中国众多茶叶市场中得以翘楚的核心因素与竞争力。东和茶叶,即为普洱茶交易专业化的缩影,也是芳村成为普洱茶二级市场交易中心的一个侧证——当然,它也是源于芳村这片普洱茶交易的沃土,水到渠成而破土而出,它或许能带给我们一些启示,也应该带给我们一些启示,而非仅限、停留于艳羡。

肩负"让中国普洱全球流通"的使命

如今，普洱茶交易平台成井喷式发展，是谁做了先驱者，带领着普洱茶交易市场的发展？

有一家公司---东和茶叶（链接网站https://www.donghetea.com/），他们肩负"让中国普洱全球流通"的使命，终日活跃于市场每一个角落，他们率先发现一堆隐藏在角落里的问题：例如在茶叶交易过程中，有不法商家利用南北信息不对称，乱喊售价，有以次充好、买卖假货等。这些在茶叶销售火爆的交易下所隐藏的问题一直都没被重视。在2008年，他们毅然决然开启茶叶市场的中介服务，一个安全、专业、高端的普洱茶交易平台，如同股票证券有证券所，东和茶叶相当于二级市场的第三方中介，为买卖双方提供中介服务的一个交易平台，为往后的普洱茶交易市场开辟一条新型道路。

东和的出现，改善了茶叶交易市场的信息不对称、真假老茶混乱的现象，令交易市场逐渐规范化、标准化，甚至为日后更多如春笋般涌现的交易平台建立一个模范榜样。东和以打造"高端、安全、专业的普洱茶交易平台"为口号，并围绕行业本身特点出发，制订出三大标准，保障两大安全。

동화(東和)의 자리매김과 표준화

　동화차엽은 교역의 제삼자이며 또한 교역의 전 과정 중에서 안전을 보장한 한 기구이기도 하다. 여기서 말한 안전이란 차엽 상품 자체의 안전은 물론 거래자금의 안전도 포괄한다. 이런 점에서 볼 때 동화차엽은 보이차 직업의 증권거래소와 유사하다.

　"우리는 그저 대익차(大益茶)을 만들 뿐, 해서 우리는 더욱 전문적이다." 이를 위해 동화차엽은 두 가지 일을 하였다. 첫째, 직업의 통점(痛點)은 가격의 불투명으로, 그들은 동화 웹사이트를 만들어 방촌(芳村)의 차엽 가격을 인터넷상에다 올려 누구라도 다 매일의 차엽 시세를 볼 수 있게 했다. 둘째, 당시의 직업이 차 검증에 대해 비교적 서툴러서 거의 차를 검증하지 않았는데 이건 여러 가지 문제점을 불러와 예컨대 창조저장의 비전문화와 진위 여부 문제, 바꿔치기 등의 문제들이 그것이다. 이 때문에 그들은 전문적인 품질검사부를 설립해 위의 문제점들을 해결하였다.
　동화가 해낸 이 두 가지 일은 그 당시 직업의 두 가지 통점인 가격의 불투명과 품질을 보장할 수 없는 문제를 해결하였다.
　진가품의 표준에 대해서 동화차엽은 삼 년을 기꺼이 투자해서 《동화내부도책(東和內部圖

冊)》을 제작해냈다. 이 책에는 2000~2004년까지 몇 단계의 대익상품 도표를 포함하였다. 현재 같은 직업군에서 여느 노차를 감정할 때에는 다들 이 그림책에 의거하고 있는바 가히 그 중요성과 권위를 알 수가 있다.

가격 표준에 대해선 업무 내 상품 교역과정 중에 보조적인 역할을 한 건 동화지수 웹사이트(https://www.donghetea.com/)였다. 동화지수 웹사이트는 지수 웹사이트 배후인 전문적인 씽크뱅크가 조작하고 있다. 지수 웹사이트는 장기간 발전 중에 이미 형성된 규모 있는 지수 체계로서, 거대 데이터를 응용 분석해서 고객에게 실시간으로 시세정보와 모의 시장추세를 제공함으로써 광대한 차상인과 소비자들로 하여금 능히 정확하게 차 업무 정보와 시장의 최신동태에 대한 정보를 이해토록 돕는다. 이를 통해 투자가가 제때에 시장 파동에 호응해서 재고품을 조절하는 데 매우 유효한 역할을 하였다. 동화지수는 업무상 결핍된 진실된 거래 통계수치를 발견해내 성립된 하나의 구역건설로서, 오늘날에는 업무 거래의 풍향계가 되었다.

또한, 바로 이런 한 무리 '바보들'의 견지 때문에 그들은 성공적으로 업무상 케케묵은 규제들을 타파하였으니, 모든 이들이 추측하는 그런 도산으로 인해 폐업하는 일이 없고, 반대로 날로 번창하여 점점 더 흥성하였다. 더욱 재미있는 일은 애초에 백안시되던 '삼대표준'은 지금에 와선 부분 거래플랫폼의 한 틀을 형성하였고, 또 동화차엽이 손수 창업한 대익(大益) 시세의 최신 오퍼 '지수 웹사이트'(https://www.donghe.com/)도 전 이급시장이 거래 과정 중에 필히 등록해서 둘러볼 만한 웹사이트가 되었다. "동화에서 나온 상품은 반드시 정품일 것이다"라는 문구는 명백하게 각인되어 '동화차엽' 간판은 점차적으로 대중들의 시야에 들게 되었다.

보이차 교역시장은 거래혼란으로부터 규범표준에 이르기까지 동회지수 웹사이트가 근 십 년가량 가래현상을 개선하는 데 도움을 주었다. 보이차 유통을 전 세계적으로 확장하는 경로를 다지고 보이차가 재산을 증식시켜준다는 개념을 널리 전파시켜 더욱더 많은 업무 밖의 군체들로 하여금 이득을 보게끔 하였다. 비록 현재의 동화가 이미 보이차 이급시장 거래를 진두지휘한다고는 해도 그들은 여전히 연구를 계속하면서 진품인지 가품인지, 거래를 할 수 있는지, 가격은 얼마나 되는지 등에 대한 사고를 멈추지 않고 있다.

东和的定位和标准化

东和茶叶，作为交易的第三方，也是在交易的整个过程中保证安全的一家机构。这里所说的安全，既包括茶叶产品本身的安全，也包括交易资金的安全。从这一点来说，东和茶叶有点类似于普洱茶行业的证券所。

东和茶叶的定位是"我们只做大益茶，所以我们更专业"。为此，他们做了两件事：第一，行业的痛点是价格不透明，他们做了一个东和网站，把芳村茶叶价格放在网站上，每个人都可以看到每天的茶叶行情；第二，当时行业对验茶这个版块比较粗糙，几乎不验茶，这就带来一些问题，比如仓储不专业、真假是个问题、偷龙转凤也是一个问题，为此，他们成立了专门的质检部，解决上述问题。

而东和所做的这两件事，在当时解决了行业的两个痛点：价格不透明、品质无法保证。到现在为主，东和茶叶制定了三个标准：真假标准、价格标准、交易标准。

对于真假标准，东和茶叶愿意耗费三年时间制作了《东和内部图册》，包括了2000—2004年等几个阶段的大益产品图册。而现在同行在鉴定一些老茶时，还得靠这份图册，可见其重要性、权威性。

对于价格标准，行业内产品交易过程中，起到辅助性作用的是东和指数网（https://www.donghetea.com/）。东和指数网是指数网背后是由专业的运维团队操作，指数网在长期发展中已形成了规范的指数体系，应用大数据分析给用户提供实时行情资讯及模拟市场走势，让广大的茶商和消费者能够准确了解茶行业信息和市场最新动态信息，对投资者及时响应市场波动调整库存有很好的导向性作用。东和指数是立于行业，发现行业缺乏真实交易数据,而成立的一个区块建设,如今成为行业交易的风向标。

对于交易标准,早些年普洱茶市场交易的产品参差不齐,还充斥着假货,市场交易毁誉参半。藏家又缺少专业知识,交易流程也不规范,存在各种缺陷,在这种情况下催生了普洱茶质检行业。东和质检部一步步踏踏实实走下来,也完善了一套独立的颇具市场参考价值的质检标准。东和质检的流程相对繁琐,收货,沟通客户,开箱验货,因客户对产品要求区别较大,质监部门必须将所有细节向客户列出说明,以保证客户拿到满意的产品。

这三大标准是东和茶叶的基石,制定标准的目的是为了护航买卖双方的两大安全,即是保障产品安全与交易中资金安全。可以说,东和的产生是这个传统茶行业市场变革的结果。

当新标准的出现,有机会肃清行业弊端,改善行业不良风气,令一切有规可循,有理可依。但也意味将会推翻旧制度,会损害一部分人的利益,因此这三条新标准在行业中宣布后,遭遇无数冷嘲与白眼,甚至有人称之"傻瓜。"

也正因为这一群"傻瓜"的坚持,他们成功打破行业陈规,没有像众人猜测那样倒闭关店,反而蒸蒸日上,越来越兴旺。更有趣的是,当初饱受白眼的"三大标准"如今成了部分交易平台的模板,而东和茶叶一手创办的大益行情最新报价"指数网"(https://www.donghetea.com/),也成为整个二级市场在交易过程中的必定登录浏览的参考网站。"东和出品,必属正品"八个字在行业中掷地有声,"东和茶叶"这块招牌逐渐走进大众视线。

普洱茶交易市场,从交易混乱到规范标准,东和指数网帮助改善了普洱茶行业近几十年来的交易现象,拓展了普洱茶流通全球的途径,让普洱茶财富增值的概念得以广泛传播,令更多行业以外的群体获益。

即使现在东和已是普洱茶二级市场交易的领军者,但他们依然没有停止对其研究领域的思考:是真是假?可以交易吗?值多少钱?

- 2019년 11월 동화차엽 진군일 대표와 한국에서 방문한 이원제회장, 나상옥(전 광주미협회장)등이 보이차 시음회를 하고 있다.

전문 인력과 발전 공간

　동화차엽의 전문성 정도로 볼 때 외부에선 다들 직원모집 조건이 너무나도 까다로울 것으로 여기는데, 내 아는 바로는 동화차엽은 더욱 백지상태의 신인들을 좋아한다.

　매 한 사람 판매원들은 백지상태에서부터 이 년 후 정식 졸업할 때까지 네 차례의 시험을 거친다. 이 네 차례의 시험은 기실 차엽의 제작연도를 단계별로 구별하되 최신 차의 차엽상품으로부터 시작해서 2019~2015년, 2015~2009년, 20009~2004년, 2004~2000년으로 구분한다. 직원이 어느 수준까지 합격하면 곧 그 연도분의 상품에 관해서만 거래를 할 수가 있다. 동화차엽이 "보이차 이급시장거래의 황포(黃浦)사관학교"라고 불리는 건 조금도 지나침이 없는 말이다.

　동화차엽의 교역패턴은 매우 간단하다. 판매 측이 화물을 보내오면 동화에다 놓아두어 동화에서 일련의 검증과 인가를 거친 뒤, 구매 측이 와서 물건을 출하하거나 아니면 동화가 직접 화물을 발송한다. 배후에는 바로 전문적인 인재들이 지탱하고 있다. 사람을 활용하는 법도에 대해서 동화차엽은 보이차의 거래시장 인재들이 방촌에 집결해있어서, 설사 일개 '외근하는' 인물일지라도 실전경험을 갖춘 이들로서 이는 본서에서 배워서 알 수 있는 게 아니다. 동화차엽 내의 매 직원들 모두가 상품 브로커이다.

오늘날 동화차엽의 직영점은 전국 각 지역 대도시에 분포돼있다. 중국차 업무 내에서 거래 플랫폼을 막론하고라도 설사 차엽 상표라도 감히 직영점 형식의 경영을 할 수 있는 가게는 몇 안 된다. 아는 바론 동화차엽의 이 조치인즉슨 두 가지 때문임을 아주 잘 알고 있기 때문인데, 그 하나는 배불리 먹는 것, 또 다른 하나는 개개인 모두가 하나의 방법 혹은 몽상인 남보다 더 뛰어난 것이다. 전자인 배불리 먹는 건 아주 쉽게 할 수 있다. 매달 그들에게 지급하는 월급은 그가 노력하기만 하면 도달할 수 있는 월급으로, 개인이든지 아니면 일가족이든지 간에 만약 능히 만족하다면 그는 원해서 남아있을 것이다. 후자는 동화 기치 하의 모든 직영점 내 점장은 일반 직원이 자신의 능력으로 점장의 지위까지 걸어 올라온 것이다.

게다가 직영관리의 발전으로 인해 동화차엽은 더욱 민첩하게 각 지역 일선시장의 참된 정보를 장악할 수가 있었다. 이 전략을 얕보아서는 안 되는데 오직 이 한 가지 문제로 인해서 이미 동화는 같은 직종에서 일반적인 가족기업과의 거리를 커다란 차이로 벌려놓았다.

모든 이들은 각자가 다들 자신만의 위치를 차지하고 있을 뿐만 아니라 또한 아주 많은 자리를 갖고 잇는데, 회사의 입장, 가족의 자리, 동창이나 친구들의 위치, 사회적인 위치 등이다. 직원이 원해서 공을 들이면 곧바로 그가 원하는 자리를 얻게 될 가능성이 지극히 큰지라, 누구라도 부단히 성장하고 심지어는 자신을 초월할 수 있도록 격려할 수가 있다.

동화가 지금의 성장을 보이게 된 것은 하늘에서 그냥 뚝 떨어진 게 아니라 동화인(東和人) 매 개개인들이 흘린 땀방울과 지혜와 의지력으로 힘들게 쌓아 올린 것이다.

동화는 자체적으로 보이차의 문화적인 확대보급과 유통발전을 적극적으로 추진해서 신조를 행동으로 실천해 보였고, 통점을 발견한 즉시 곧바로 그 통점을 해결해냈으며, 표준이 없으면 그 표준을 제정해냈다. 그들 한 사람 한 사람 모두가 동화인으로서의 자부심을 갖고 보이차를 전 세계로 유통시키려는 거대한 기업적 사명을 짊어지고서 사업을 추진해나가는데 모든 노력을 다하고 있다. "중국 보이차의 전 세계적인 유통"을 통해 전 세계의 모든 차를 애호하는 이들에게 새로운 일륜(一輪)의 '보이차 투자 기회'를 가져왔으면 하는 바람이다.

도도히 흐르는 역사의 긴 흐름 속에서 무수히 많은 위인과 영웅들이 나타났고, 허다한 경전들이 전해져오고 있는데, 재산의 많고 적음으로써 높낮이를 논하지 않고, 자신만의 가치를 찾아내어 능히 이 세계를 위해 무언가를 남겨 놓았다면 그게 바로 당신만의 전속 기호인 것이다. 바로 보이차처럼 시간의 누적 속에서 차츰 그 예리한 봉망(鋒芒)을 수렴하며 세월의 무게를 담아낸 맛은 그만의 독특한 운치를 단련해냄으로써 비로소 그의 생명은 원만하게 성숙해져 갔다.

专业人才与发展空间

以东和茶叶的专业程度来说，外界大部分都以为他们招聘员工的条件会很苛刻，但据了解，东和茶叶他们更喜欢白纸状态的新人。每一个销售人员从白纸状态到两年后正式毕业，要经过四次考试。这四次考试，其实是按茶叶的年份阶段来划分，从最新茶的茶叶产品开始，分别为：2019－2015年、2015－2009年、2009－2004年、2004年－2000年。员工能考到哪一步，就只能做哪一年的产品的相关交易。东和茶叶被称为"普洱茶二级市场交易的黄埔军校",一点也不为过。

东和茶叶的交易模式看似很简单:卖方把货送过来、放在东和,经东和一系列验证并认可后,买方过来东和提货,或者东和直接发货给买方。背后,正是专业的人才支撑。对于用人之道,东和茶叶认为普洱茶的交易人才聚集在芳村,即使只是一个'跑街'的角色,也是具备实战经验的,这是书本里无法学会的。东和茶叶内的每个员工,都是产品经纪人。

如今,东和茶叶的直营门店遍布全国各大城市。在中国茶行业内,且不论交易平台,即使是茶叶品牌,也没有几家敢做到直营门店形式去经营。据了解,东和茶叶这一举措就是因为很清楚员工只为两样东西,一个是填饱肚子,另外一个就是每个人都有一个想法或者说是梦想——要出人头地"。前者,填饱肚子很容易做到,每个月给他的薪酬,且是他可以努力就能达到的薪酬,不管是一个人的肚子,还是一家人的肚子,如果能满足,他就有可能愿意留下来。后者,在东和旗下所有直营店内的店长,没有一个人是家族成员,都是普通员工凭自己的本事走到店长位置的。

并且也因为是直营管理的发展,让东和茶叶能更快捷地掌握各地一线市场的真实信息。这一策略不可少看,单单就因这一点,已让东和与行业内一般的家族企业拉开了很大的差异性距离了。

每个人都有自己的位置,并且有很多位置,在公司的位置、在家族的位置、在同学与朋友的位置、在社会上的位置……当员工他愿意付出,就极有可能得到他想要的位置,这就能激励一个人不断的成长,甚至是超越自己。

东和能有今天的成就不是从天上掉下来,是每一位东和人用汗水、智慧和毅力拼搏出来的。

东和通过自身发展积极推动普洱茶的文化推广与流通，他们用自己的行动去实践了自己

信条，发现痛点，就解决痛点，没有标准，就制订标准；他们每一位东和人都肩负着企业的使命，正在致力于推动普洱全球流通的宏伟事业。"让中国普洱流通全球"，希望为全球热爱茶文化的人士带来新一轮的"普洱投资机遇"。

滚滚历史长河中，无数伟人英雄涌现，无数经典在流传，活着，不以财富论高低，在于您找到自身的价值，能为这世界留下点什么，那是您的专属印记。正如普洱茶，当它在时间陈放中逐渐收敛锋芒，当它的滋味里贮藏了岁月的重量，历练出它独有的韵味，它的生命才趋向圆满成熟。

- 2019년 동화차엽 송년 파티 후 기념촬영

중국 차상 인터뷰

석가명차 오운산 중국 광서성대리상 종화봉 선생 인터뷰

: 글. 석우

문 : 반갑습니다. 종 대표님, 석가명차 맹해 본사에서 몇 차례 만났는데, 만날 때마다 늘 밝고 건강한 모습이 보기에 좋았습니다. 다석에서 처음으로 중국 보이차 차상 인터뷰를 하게 되면서 종 선생님을 모시게 되었습니다.

먼저 간단하게 자신을 소개해 주시지요

반갑습니다. 저는 서쌍판납중췌차업유한공사 회장, '중췌', '고명도' 브랜드 창시자-종화봉입니다.

한국의 석가명차 최해철 대표와는 어떻게 인연이 되었나요.

최 사장님과의 인연은 차로부터 시작되었습니다. 중국 보이차의 제1현- 맹해현에서 처음으로 한국 석가명차 대표인 최해철 사장을 만나게 되었는데 고수차에 대한 깊은 연구와 이해를 가지고 있는 외국인을 만나서 놀라움을 금치 못했습니다. 특히 고수차가 생산되는(200여 개 차산) 차엽에 대한 깊은 이해가 있는 것 같았습니다. 차를 사랑하는 저는 늘 최 선생을 찾아서 차를 마시고 이야기하면서 차문화를 교류하고 나아가 합작까지 하게 되었고 자연스럽게 친구가 되었습니다.

차업은 언제부터 하셨나요. 그리고 시작하게 된 동기가 있다면?

나는 2015년에 보이차업에 발을 들이게 되었습니다. 오랫동안 제대로 된 고수차를 마시기 위하여 쌍판납맹해를 방문하였는데, 산 넘고 물 건너 산지를 답사하면서 알아본 결과 아직도 많은 고차원이 깊은 산 속에 방치되어 있었습니다. 차농들은 대부분 현실에 만족하면서 관습에 젖어 있어 천연자원인 '녹색 보물'을 가지고 있으면서도 빈곤한 생활을 하고 있었습니다. 하여 나는 고수차의 개발에 열정을 쏟아부었습니다. 2016년에는 하개의 만마이(曼迈.만매)촌 91호의 500평방미터에 '하개만매

고차초제소'를 설립하였으며, 하개반분에는 '반분초제소'를 설립하였습니다. 동시에 '서쌍판납고보차장원유한회사', '서쌍판납중췌차업유한공사'를 설립하고 '중췌', '고명도' 브랜드를 만들었습니다.

윈난성 멍하이 허카이 등에 차밭을 가지고 계신데 그곳을 선택하신 이유는?
제가 가진 다원은 풍부한 고수차가 개발되지 않은 황금지역입니다. 특히 하개, 반분 등은 광대하고 품질이 우수한 고차수 다원으로 환경이 좋고 일조량이 풍부한 수령이 400년~800년의 고수차원을 선택하게 되었습니다.

상표로 사용하고 계신 중췌와 고명도의 뜻을 설명해 주세요?
고명도---
고: 고수차, 노차, 고법장심.
명: 널리 알려지는 차, 호평이 좋은 차 명차:평범하지 않은 품질이 좋고 구감이 좋은 차.
도: 집고지도이어금, 이지고시,시위도 도자, 만물지시 만물지원, 만물지소이연, 만물지소이성.
(선조들이 일구고 가꾼 고수차의 참맛을 열어가는 차 古茗道)

선생님이 생각하는 고수차의 장점에는 어떤 것이 있습니까.
고수차의 우수성은 여러 가지가 있습니다. 먼저 내포성이 좋습니다(보통 20번 이상 우릴 수 있습니다). 고수차는 차기가 충만하며 탕색이 투명하며 구감이 풍부합니다. 찻잎이 튼실하며 생진이 빠르며 여운이 길게 남고 두터움과 묵직함이 있습니다. 마시면 곧바로 차의 기운을 느낄 수 있습니다. 고삽미가 적절히 어우러지며 어우러지는데 바로 가셔지면서 후운이 매우 좋은데, 입속에서는 상악에서부터 혓바닥에서만 고삽미가 느껴지고 후두로 가면서 곧바로 단맛으로 전환됨을 알 수 있습니다.

여러 가지 차 중에서 보이차의 가치와 미래에 대해서 어떻게 생각하십니까?

여러 가지 다류 중에서 저는 보이차를 가장 좋게 보고 있는데, 그 가운데서도 고수차는 다른 차에 비해 희소성 있는 자원입니다. 차를 좋아하는 사람들 가운데 점차 고수차를 접하면서 마시는 인구가 늘어나고 있습니다. 거기에 보이차는 장기보존할수록 더욱 좋아진다는 것이 알려지면서 소장 가치도 높아졌습니다. 앞으로 고수차를 소장하는 사람이 점차 늘어날 것으로 보입니다.

보이 노차도 소장하고 계신 것으로 알고 있는데 현재 소장하고 있는 차들은 어떤 차들인가요?

우리 가족은 예로부터 차를 마시고 공부 차도의 전통이 있습니다. 어릴 적부터 차를 마신 저로서는 차에 대한 기본적인 이해와 기준이 있었습니다. 2008년부터는 깨끗하게 보관된 좋은 차를 찾아서 운남 서쌍판납에 갔습니다. 거기에서 맹해차창의 8-90년대의 각종 노차를 사서 소장하기 시작하였는데, 그때 당시에 각 피차의 7542, 7572와 03년 자대익, 97년 수남인 그리고 진승 08년 노반장도 구했습니다.

개인적으로 가장 좋아하는 보이차는 어떤 차인가요?

고수차를 가장 좋아합니다. 내가 가장 좋아하는 차는 이무의 박하당, 만궁과 천문산인데요. 임창의 빙도와 석귀, 맹해의 노반장, 하개도 좋아합니다.

앞으로의 계획을 말씀해 주십시오.

좋은 자원을 찾아서 열심히 차를 만들고 더 많은 사람들이 진정한 순료고수차를 마시게 하는 것입니다. 전 세계의 사람들로 하여금 원생태 고수차를 마시고 더 좋아할 수 있게 하여, 고수차가 인생의 활력소가 되어 활력과 건강을 선사하는 것입니다. 이것이 제가 추구하는 것인데, 정성 들인 하나하나의 고수차잎이 "중췌","고명도"의 취지와 브랜드의 핵심가치관입니다.

你好

很高兴见到钟总,

好几次在石佳茗茶勐海店里相见,总能看到明朗健康的样子,感觉很好。

钟总是首次在"茶席"上采访的第一位茶商。

先简单介绍一下自己

您好!很高再次见到您,我是西双版纳中萃茶业有限公司董事长及《中萃》《古茗道》品牌创始人钟华峰。

如何与韩国的石佳茗茶-代表崔海哲结缘?

茶,是我和崔总缘分的见证与开始,在中国普洱茶第一县--勐海县遇到了韩国石佳茗茶-代表崔总崔海哲先生,知道崔先生他对普洱茶有着很深的研究和了解古树茶的异国茶友让我很惊讶,特别是他既然对各大山头(两百多个山头)的茶叶那么有了解。因为爱茶,我经常找崔先生喝茶,聊茶,我们有很多很多关于茶的文化在交流与合作,就这样我们自然成了好朋友

什么时候开始做茶业的? 还有最初开始的动机呢?

我是从2015年开始,为了长期保证喝到真正古树纯料的味道,再次来到了西双版纳勐海县——世界最大的连片古茶园。几经跋山涉水、实地调研,发现这片古茶园大多位于深山老林,长期无人管理。这里的茶农基本上还是遵循"随遇而安"的古老习惯,守着品质高端的"绿色宝库",却过着贫困的日子。

从此,我就专心致志投身于此,专心研究开发古树茶。2016年在贺开曼迈村91号建设了500平方米的"贺开曼迈古茶初所"。同时,在贺开班盆建设了"班盆初制所",成立了(西双版纳古普茶庄园有限公司)(西双版纳中萃茶业有限公司)并创立了"中萃"、"古茗道"品牌。

钟总在云南勐海的贺开等地有自己的茶园,您选择那里的理由是什么?

因为我这些古茶园有丰富的古树茶资源,是一块生机勃勃等待开发的黄金宝地。特别是贺开,班盆,等古茶树有着巨大、优质的古树茶资源,所以我选择并买下了环境保护最好、日照时间最长的几片树龄400年—800年的古树茶园

请说明一下正在使用的"中萃"与"古茗道"的意思?

古茗道——(古)古树茶,老茶,古法匠心;

(茗)广为人知的茶、众口皆碑的茶;

茗茶:非一般的茶叶,品质高、口感好;

(道)执古之道以御今,以知古始,是谓道。

道者,万物之始、万物之源,是"万物之所以然""万物之所以成"。

您认为古树茶的优点有哪些?

古树茶的优点有很多,首先耐泡(一般可以泡二十几泡),古树茶茶气足,茶汤透亮,口感饱满,条形肥壮均匀,生津快,回甘长,很有厚度和刚度,入口即能明显感觉到茶汤的劲度和力度。苦涩味很协调,化得快,喉韵非常好,只停留在口腔上颚,至舌底、喉部一带时,已明显转化为甘味。

在茶类里,您如何看待普洱茶的价值和未来?

在茶类里,我比较看好普洱茶,尤其是古树茶,是其他茶类少有的资源。越来越多的爱喝茶的人群喝到和认识古树茶,加上普洱茶有着可以长期存储存的先天优势,有收藏价值所以普洱茶成了收藏新宠。未来懂得喝古树茶和收藏普洱茶的人群必然越来越多。

听说您也有一些普洱老茶，可以介绍收藏的茶吗？

是的，因为我们家族有着喝茶的习惯和工夫茶道的传统，所以从小就喜欢喝茶的我对茶有一定的了解和要求，2008年为了寻找存储干净的好茶，不远千里来到了云南西双版纳，购买、收藏勐海茶厂八九十年代的各种老茶，像各批次的7542/7572/03紫大益和97水蓝印等,也有购买了陈升08年老班章等，谢谢

个人最喜欢的普洱茶是什么茶？

喜欢的当然是古树茶啦！我个人特别喜欢易武的薄荷塘，弯弓和天门山；临仓的冰岛，还有昔归；还有勐海茶区的老班章，贺开。

今后有什么计划？

今后的计划，就是找到更多更好的资源，用心做茶、做好茶，让更多人喝到真正的古树纯料茶，让全世界把目光投向这里，让更多爱喝茶、喜欢茶的人更好的了解原生态古树茶，让古树茶走进更多人的生活，带给更多人健和快乐！也是我矢志不渝的追求；做好每一片古树茶叶是《中萃》《古茗道》的宗旨和品牌核心价值观。

谢谢。

아사가 차관

제4회 경주세계차문화축제와 황용골 차회

: 글 박홍관(본지 발행인)

　제4회 경주세계차문화축제가 한·중·일 차인들의 참여 속에 성황리에 마쳤다. 올해는 중국 30명 대만 17명, 일본 11명 등 58명이 27일 김해 공항으로 입국하였다. 부산과 울산, 포항을 기점으로 하여 각각의 독립적인 부스를 통해서 손님들에게 차를 내는 방식을 티켓을 판매하여 운영하였다는 점에서 이번 행사가 주는 의미는 대단히 크다.

　무대 행사는 한국측 학춤(박소산), 숙우회의 '번기헌다(정운제)'를 시작으로 하여 말차(일본다도, 스즈끼상), 고금(매화삼농), 어린이생활다례와 같은 공연들이 한국과 일본, 중국 순으로 이루어졌다.

　국내최초로 국제행사에서 특별석과 일반석으로 나누어 티켓을 판매하였고, 관람객은 자연스럽게 사전에 구입하거나 현장에서 구매하여 차를 마셨다. 특히 올해는 특별석에서 73청병 보이차 찻자리를 세 군데서 냈고, 2009년 목책철관음 특등 자리인 손희동, 오금섭 자리는 사전에 시간 예약을 해야 차를 마실 수 있을 만큼 호응이 좋았다.

유료 찻자리를 특별석과 일반석으로 구분하여 4년 연속으로 치루었다는 점은 명실상부한 국제적인 차 문화행사가 되었다는 것을 방증한다. 전국 최초로 티켓 판매를 통해 차 행사를 시행하고 성공한 사례가 된 점에서 경주세계차문화축제 조직위원회의 노고에 큰 박수를 보내고자 한다. 이는 통역을 비롯한 많은 분야에서 자원봉사가 있었기에 가능했고, 아사가차관 회원들이 주인의식을 가지고 적극적으로 참여하였기에 가능했다.

76개의 부스에서 내는 찻자리는 한국과 중국, 일본으로 나뉘었는데, 일본 선생님 한 분은 85세의 나이에도 하루 150잔의 말차를 내었다. 한국인이 내는 찻자리는 다양한 방식의 차를 내었는데 우리나라 녹차를 맛있고 격조 있게 내려고 준비해온 곳이 많았다.

그 가운데 이재란 선생님은 필자가 4회째 지켜본 바에 의하면 매년 스스로 찻자리를 업그레이드해 왔다. 이 행사에 참여해서 손님들에게 차를 내는 데 있어서 격조 있게 대접하고자 하는 마음이 아주 모범적인 사례

로 여겨진다. 마침 울산에서 온 손님 김외선 선생 일행이 그에 맞는 대화로서 찻자리가 풍성해졌다.

이번 경주세계차문화축제는 성공적으로 막을 내렸다.

좋은 사례를 조금씩 더 보완해 나가면 국내에서 독보적인 차문화 행사가 될 것을 확신하게 한다. 이번 행사에 참여한 많은 분들에게 감사한 마음도 함께 전하면서, 내년에는 더 알차고 멋진 찻자리를 기대한다.

황용골 차회

경주라는 작은 도시에서 제4회 세계차문화축제를 성공적으로 치루었다. 그것도 유료라는 구조를 가지고 진행되었다는 점에서는 우리나라 차문화계 역사상 대단한 일을 한 것이다.

76개의 부스가 손님들에게 정성껏 차를 내고 방문객은 유료 티켓으로 마시고 싶은 곳에서 차를 마실 수 있다는 것, 이날의 행사는 지금까지 차 행사장에서의 차는 늘 공짜라는 인식을 완전히 바꾸는 계기가 되었다.

필자는 늘 생각한 것이 황용골 차회만으로도 전국에서 손님을 유치할 수 있는 행사가 될 것으로 믿고 있는 데, 이번에서 외국 손님을 중심으로 한 차회가 되었다. 경주국제차문화축제가 성공적으로 될 수 있도록 협력해 주신 외국 분들에게 답례와 같은 차회다.

특별히 순번은 없지만 5명 또는 6명씩 조를 짜서 방마다 다니며 차를 마시는 것인데 이 방식은 오래전부터 전국에서 많이 하고 있는 형식이다. 하지만 황용골 차회가 다른 곳과 다른 점은 집 주인이 다른 한옥 세 곳에서 서로가 문을 활짝 열고 7개의 찻자리를 만들었다는 점이다. 국내외 적으로 만나기 어려운 토픽감 차회다.

그리고 뒷집에서는 김은호 회장님의 연하지실에는 73청병을 내고 차실 유암에서는 83년 동정오룡차를 내었다. 세 집이 문을 모두 열고 차회를 하였다. 6시가 넘어서자 주변이 어두워졌는데, 마당에서 본 마지막 찻자리의 불밝힌 방들은 마치 차실의 기운이 넘실대는 듯 하였다.

씨스네 티룸

오래 할 수 있는 것을 하고 싶었습니다.

: 주소 : 충북 청주시 흥덕구 흥덕로137번길 4
전화 : 043-294-8774

오늘은 다소 추워진 아침이라 준비하는게 쉽지 않았다. 하지만 멋진 홍차전문점을 갈 생각에 머플러를 둘러메고 청주를 향해 집을 나섰다. 청주 시외버스 터미널에서 택시로 15분이면 도착했다.

택시 내려서부터 보이는 '씨스네티룸' 외관은 조금 특별했다. 인테리어가 특별하다는 것 보다 그 주변 환경에 비교할 때 확연히 차이가 있는 곳이였다. 어떤 곳인지 궁금하게 만드는 매력을 가지고 있었다.

　생각했던 것과 달리 젊은 남자 사장님께서 활기차게 인사해 주셨다. 이른 시간 방문이였지만 텐션을 올려 인사해 주시니 추위도 잊을 수 있었다. 눈빛이 초롱초롱 살아있는 사장님이셨다. 스콘을 굽는 향이 가게에 퍼지고 그 고소한 향을 느끼며 사장님과의 인터뷰 시간을 기다렸다. 오늘 준비하신 첫번째 차는 1인세트인 얼그레이와 마들렌이였다. 홍차는 눈으로 먼저 마시고 혀끝으로 마시게 되는 차인 것 같다는 생각이 든다. 너무 예쁘게 세트 구성이 나와서 감히 손 댈 수가 없었기 때문이다.

　사장님은 홍차전문점을 운영한지 5년이 되었고 처음 있었던 청주 강서동에서 흥덕구로 옮긴지 5개월 정도 된다고 하셨다. 가볍게 인사가 오가는 순간에도 상호명이 계속 헷갈려했던 나는 실례를 무릅쓰고 가장 궁금했던 '씨스네티룸' 상호가 어떻게 나왔는지 여쭤보았다.

　사장님은 짧고 굵게 대답을 하셔서 큰 웃음을 주었다. "씨스네(CISNE)는 스페인어로 '백조', '예술가' 뜻을 가지고 있고 남들이 하지 않는 그런 것을 하고 싶었습니다."라며 호탕하게 웃지만 질문에 대한 답변은 허투로 하지 않았다. 진지한 눈빛으로 망설임 없이 솔직하게 대응했다.

　사장님은 급하게 일어나시더니 미니세트 2단 트레이와 다즐링 차를 준비해주신다고 부엌으로 나갔다. 베이킹을 직접 다 하는데 씨스네티룸만의 시그니처는 없는지 궁금했다. 사장님은 쑥스러운듯 하지만 자신있게 '오시는 분들마다 모두 맛있게 드신다'며 특별히 하는 것은 없다고 하셨다. 그리고 크게 웃으시며 "저는 버터도 많이 넣고 맛있게 만듭니다" 짧지만 유쾌한 답변에 나는 이 곳에 대해 더 알고 싶어졌다.

　'어떻게 홍차 전문점을 하게 되었나요?'

　일본에서는 30년, 50년 또는 그 이상으로 장인 가게라고 해서 대대손손 이어오는데 사장님도 그런 가게를 해보고 싶었다고 했다. 또한 이전에 직장생활을 해왔던 사장님은 나이 들어서도 끝까지 할 수 있는 무언가를 하

고 싶었다며 어느 직장인이라면 한번쯤은 꿈꾸어 보았을 일들을 이루어 냈다. 처음에 티룸을 하면 손님들에게 내어지는 세트처럼 가족들이 함께 즐길 여유가 있을거라 생각했지만 현실은 마시기 편하게 머그컵에 차를 우려서 마신다고 한다.

집안이 차생활을 했기에 차를 접하는 게 어렵지 않았던 사장님이 그 많은 차 중에서 홍차를 선택한 것은 타인들로부터 접근성이 쉬운 차로 나아가고 싶었기 때문이다. 홍차는 다기들의 색감들이 아름답기에 그 매력에 궁금증을 자아내지 않을까? 요즘은 SNS대세로 찾아서 오는 손님들도 많고 SNS 사진 찍느라 바쁜 손님도 많다고 한다. 어떤 환경이든 한 명, 한 명에게 가장 좋은 차를 대접하기 위해 타이머를 맞추고 정확하게 우려서 나간다고 한다. 이런 사장님의 숨은 정성이 있기에 사진 찍기 위해 왔다가도 그들에게는 사장님의 홍차가 최고의 기준점이 될 거라 생각이 든다.

'좋다' 라는 것은 비교 대상이 없으면 정말 좋은 것인지 모른다. 하지만 그 반대의 것을 만나게 되면 어느 것이 좋은지 진가를 알게 된다. 그들에게 좋은 기준의 차 맛을 알게 해주었기에 비교할 수 있게 되고 '차' 를 제대로 알고 다시 방문도 할 수 있을 것 같았다. 또 사장님의 유쾌한 설명들이 그들을 끌어 들 일 수도 있을 것 같다.

　사장님은 마시는 것들은 다 좋아 한다며 차에도 가리는게 없다고 한다. '차'라면 다 마시지만 그때 그때 어떤 조건이냐에 따라 다르게 마신다고 한다. 가장 바쁠때는 티백으로라도 해서 즐기신다고 했다. 나만의 공식 질문인 '가장 좋아하는 차가 무었이냐' 였는데 결론 적으로 사장님은 '다 좋아합니다' 라고 정확히 답변했다.

　홍차 전문점은 다기들의 아름다움으로 약간의 인테리어를 더 하면 훨씬 예쁜 가게의 모습을 가질 수 있다. 그렇기에 한 해를 마무리하는 12월 그리고 크리스마스 시즌에는 연말 모임 장소로 많이들 선택하기도 한다. 차 향과 차에서 나오는 그 아늑함 분위기가 추운 겨울 따뜻하게 모일 수 있게 하는 마법을 부리기도 하니 말이다.

　따뜻한 곳이고 사장님의 유쾌한 입담에 클래스 문의도 많았을 것 같으나 오히려 씨스네티룸은 별도의 티클래스나 원데이 클래스는 하지 않는다. 대신 가볍게 모여서 서로의 지식을 공유

하는 시간을 가진다고 한다. 인원은 4명에서 많아도 5명까지만 신청을 받아서 편안하게 서로 나눔의 시간을 가지는 것으로 만족한다고 했다. 그리고 홍차를 드시지 않는 손님들을 위해서 유일하게 있는 커피가 콜드 부르로 준비 되어 있다고 한다. 커피 머신으로 내릴 경우 그 향들이 차에 베일 수 있어서 선택하게 된 커피이다. 일행들과 와서 차를 좋아하지 않더라도 이곳의 분위기를 느끼면서 일행들과 멋진 시간도 보낼 수 있을 것 같다. 이것도 싫다면 티칵테일이 있는데 사장님이 모두 배합을 하여 시음하는 과정을 거쳐서 만들어진 메뉴이다. 이 또한 홍차를 대신할 음료로 있으니 이 곳에서 모두가 함께 할 수 있을 것 같다.

사장님은 가게가 휴무일 때는 쉬신다고 하지만 대화를 하다보니 정말 쉬는날 쉬는게 맞을까? 생각이 들었다. 끊임없는 메뉴개발과 더 나은 티룸을 위해 투자의 시간을 쏟는 것 같았다. 항상 생각하고 발전하기 위해서 노력하는 사장님의 열정이 지금의 씨스네티룸으로 다듬어 진 것이 아닐까 생각이 든다. 추워지는 겨울, 올 한 해를 정리해가는 12월에 청주 씨스네티룸에서 뜨거운 사장님의 열정을 받아 2019년 다석 홍차전문점 기행을 마무리 해본다.

- 박예슬기자와 오동건대표

백년보이흑번홍

百年普洱黑翻紅

: 글 치쫑시엔(池宗憲)
역 김봉건

百年普洱黑翻紅

1988년 5월에 나는 중화민국 차예협회로부터 일본과 한국을 방문하는 차문화 방문단에 참가해 달라는 초청을 받았다. 당시 나는 오래된 차의 향기에 흠뻑 빠져 있었는데 종일토록 보이차에 사로잡혀 헤어나질 못했었다. 출국을 하고서도 휴식시간이 될 때마다 대추색의 붉은 도장이 찍힌 떡차를 우린 한 잔의 차 빛깔이 눈앞에 어른거려 도시 뇌리를 떠나지 않았는데 그것이 오히려 여행의 피로를 가시게 해 주었다. 방문단은 필시 차의 동호인들이었기에 함께 차 마시는 것이 일반적인 일이었지만 이러한 나의 거동은 도리어 한 줄기 의문을 불러 일으켰다. 이미 차의 향기도 사라지고 또한 차탕의 노르스럼한 꿀 같은 원질도 없는데, 서로 '한약'과 같은 차만 마시고들 있으니 어디에 진정한 品茗의 즐거움이 있었으랴?

보이의 효소는 인체에 유익함

내가 보이차와의 인연을 맺게 된 것은 많은 양의 커피가 가져온 자극으로 말미암아 장과 위가 나빠져 가볍게 발효된 차는 받아들이기 어려웠던 사정에 기인한다. 보이차는 거듭 발효된 것이므로 마실 때에 입에서도 아주 매끄러우며 마시고 난 뒤 내장을 후비지도 않기 때문이다.

당시에 대만의 보이차 시장은 거의 공백 상태여서 보이차에 대한 정보도 전무하였다. 늘 보는 보이차도 홍콩의 '영기차장(英記茶

莊)'의 가장 이름난 것이었으며 시세도 떡차 한 덩어리에 홍콩 달러 300원만 주면 가장 좋은 것을 살 수가 있었으니 말이다.

대만에서는 오룡차가 풍미하고 있었으며 보이차는 이의 상대가 되지 못하였을 뿐만 아니라 오히려 꺼리는 대상이었다. 차가 마치 먹물과 같고 색깔도 아스팔트 빛깔 같다……는 식으로. 이해할 수 없는 말들이 보이차로 하여금 한 쪽 귀퉁이로 숨게 했고, 그 때에는 단지 소수의 사람들만이 애호했다.

그런데 정말 보이차는 오래될수록 좋은 것일까? 그리고 보이차는 과연 정말로 약효가 있는 것일까?

기억할 만한 것은 당시 대만시장을 공략하기 위해 들어 온 홍콩의 상회인 융기차장(隆記茶莊)이 보이차의 떡차를 가지고서 차행(茶行)의 자물쇠를 뚫고 들어왔으나 초기에는 전혀 팔리지 않았고 단지 골동품 상점에서 애호가들이나 찾는 정도였다. 그 이외에는 차 마시기를 좋아하는 사람들 중에서도 다른 차를 마시면 위장이나 창자가 자극을 많이 받는 사람들이나 찾을 정도였다.

보이차는 일찍이 논쟁을 불러일으키기도 했다. 당시의 어떤 사람이 대만사람들은 모두 곰팡이가 난 보이차를 마신다고 말하여 시장은 큰 충격을 받았다. 그런데 보이차가 '곰팡이 차'라는 데 그치지 않고 오히려 보이차의 효소가 인체에 유익하며 오래된 보이차는 사람의 몸에 '온보(溫補)'의 작용이 있다는 설도 함께 나오게 되었던 것이다.

품명(品茗)의 선화(禪化)에 끼친 보이차의 역할

대만의 차 시장에 처음으로 바람이 불고, 점차 유행이 뒤따르게 된 것은 마치 바퀴의 자국을 따르는 것과 비슷하다. 초기에는 동정차인 '홍수(紅水)'가 시장에서 주력을 이루었다. 다음에는 이를 대신하여 가의(嘉義)의 '매산차(梅山茶)'가 구차를 누르고 신차의 세를 일으켰다. 차 값이 비싸지기 시작하자 이로부터 '고산차(高山茶)'가 대만의 전 영역을 휩쓸면서 비싸고 품질 좋은 물건의 대명사가 되었다. 이 년 전부터는 보이차의 열풍이 불기 시작하고 있다. 과거에는 민둥민둥한 맛이라고 인식되던 보이차가 약이 된다고 하여 이제는 선화(禪化)의 화신으로 여겨지고 있다. 보이차는 이제 건강식품이 되고 혈압을 낮추는 치병(治病)의 양방(良方)이 되었다.

유행의 흐름을 타고 보이차는 시장을 가득 채우고 있다. 한 덩어리의 떡차가 수백 원으로부터 수 만원에 이르기까지 차이가 나며 보이차의 몸통은 연막 속에 가리어져 있다고 하는 것이 사정을 가장 잘 묘사하는 말이라고 하겠다.

보이차의 유행은 보이차 상인들에게 있어

서 판매 수입을 올릴 수 있는 적기를 마련해 주었고 소비자들에게는 오히려 보이차의 나이를 오리무중으로 빠뜨렸다.

"백년된 普洱는 원래 궁정의 보장품으로 바깥에 흘러나온 것은 얼마나 오래된 것인지……"

"이 大葉 보이차 덩어리는 50년 전에 뭉쳐 만든 것으로서……"

"나무 판으로 압착하여 뭉친 것……"

"마른 창고의 것인가? 눅눅한 창고의 것인가?"

"녹나무(樟樹)의 맛이다! 찹쌀의 향이야! 매실의 맛에다 과일의 신 맛을 보탠……

기이한 고사(古事)와 백배로 치솟는 값

연대, 제조법, 보존, 향기와 맛, 입 속의 느낌…… 이와 같은 일련의 보이차의 전기(傳奇)는 이미 대만의 시장에서 구를수록 커지는 눈덩이처럼 불어 나 무릇 보이차를 사랑하는 사람들은 모두 이런 근원도 알지 못할 말에 빠져 헤어 나오기 어렵게 되었다. 보이차를 팔고 사는 시장에서는 값이 백배로 치솟아 한 조각의 보이차의 값으로 7, 8만원(대략 한화 20~25만원)을 부르는 것이 하나도 이상할 것이 없다.

한 조각의 보이차 덩어리는 겨우 250그램의 무게에 지나지 않는 것으로서, 대단한 값을 지니게 되었고 이것이 대만의 차 시장에서는 보통의 일이 되었다.

'홍인보이(紅印普洱)'는 한 조각에 신대폐(新臺幣) 1,600원(대략 한화 56,000원)을 훗가하지만 아예 '비매품'이 되어 버려 파는 곳이 있고 돈이 있어도 살 수 없다.

'녹인보이(綠印普洱)'는 한 조각에 1,200원(대략 한화 42,000원) 하였지만 지금은 12,000원(대략 한화 420,000원)을 주어도 구경하기 힘든 것이 되었다.

이러한 시장의 시세는 오로지 소비자 대중이 만들어 낸 것으로서 공급과 수요 현상의 소산이지만, 객관적으로 말하면 오로지 상인들이 만들어 낸 불합리한 조작이다. 사실상 누가 소비자더러 억지로 차 마시기를 좋아하라고 시킨다고 해서 그것이 되는 일이겠으며, 마시더라도 이처럼 희귀한 종류의 차를 즐겨 마시라고 해서 마시겠는가?

차가 귀하고 질이 좋으면 마음이 원하게 되는 법이지마는, 다만 보이차는 정세가 너무 좋다 보니 저질의 차가 좋은 차의 자리를 차지하고, 흘러넘치는 물건들이 높은 품격의 맛을 가장하게 된 것이다. 명청한 소비자는 비싸게 주고 산 물건을 마셔야만 마음이 편안하다고 여기는데, 하물며 차의 귀함이 이와 같은 정황에 이르러서랴! 이와 같이 값이 뛰어 오르는 이치가 어디에 있는 것인지 참으로 알다가도 모를 일이다.

진위의 판별과 라벨의 식별

라벨을 보는 것이 진위를 가리는 매우 중요한 지표이다. 오늘 날의 시장을 보면 가짜 상표를 이용하여 권위를 세우고들 있는데 대부분의 사람들이 이렇게 속임을 당하는 형편에서는 소비자들로서는 조심하여 살피지 않을 수 없는 것이다.

운남 보이차는 중국차엽공사(中國茶葉公司)가 설립되기 이전에도 개인이 경영하는 차업의 상호를 가지고 있었는데 그 상호들은 차업의 라벨이나 상표로 남게 되었으며 이것이 오래된 보이차의 나이를 증빙하는 표시가 되었다.

수장(收藏)하는 보이차와 그 차의 상표는 서로가 서로를 보증하는 작용을 한다. 몇몇 오래된 보이차와 그것의 상표는 대단히 가치 있는 물건이다.

'운남동경호(雲南同慶號)'는 현재의 홍콩과 대만 양쪽에서 다 같이 가장 오래된 보이차의 항렬에 들며 모두 8, 90년의 나이를 먹은 것이다. 이 차의 덩어리에는 '운남동경호'라는 빨간 색의 딱지가 붙어 있다.

운남동경호의 그림 위에는 '용마상표(龍馬商標)'가 있으며 아울러 이 차를 만든 차장(茶莊)의 일단의 선전구가 들어 있다. 그 의미는, 자기들은 백년이나 된 오래된 상점으로서 쓰는 차의 원료를 5대 명산에서 채취하며 '이무(易武)'의 끝이 뾰족한 어린잎을 사용한다고 한다. 그리고 "차떡의 엽색이 금황색이고 두터운 물맛이 있으며, 붉고 농염한 맛과 꽃다운 향기……" 운운하고 있다.

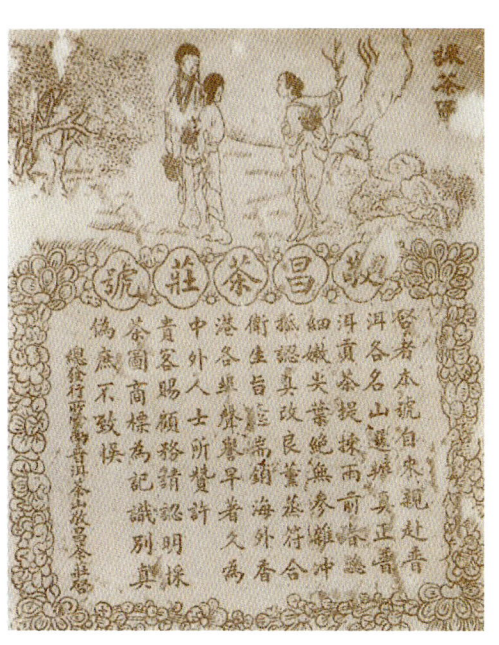

'동경호' 차장의 주인은 다른 사람이 모방하는 것을 방지할 목적으로 일곱 번째 떡차의 대나무 잎사귀 포장 안에 큰 상표를 올려 놓고, 하나하나의 떡 덩어리마다 다시 그 위에 타원형의 작은 상표를 놓는데 그 속에 있는 글도 큰 상표에 씌어 있는 것과 같다.

차의 나이라는 것이 정말 많으면 많을수록 좋은 것일까? 실상은 보이차의 '오래 되었음'이 곧장 '좋은 것임'을 보증하는 것은 아니다. 거기에다 적절히 보관되고 유통되었는가의 여부가 참작되어야만 한다. 후발효에 의해서도 차의 질은 더욱 강화되거나 아니면 약화될 수 있기 때문이다.

어목혼주법(魚目混珠法)과 가짜 상표

지금 시장에서 보이는 동경호의 상표는 완전한 것이 거의 없다. 좀벌레가 먹은 포장지는 당연히 한 가지 방법으로만 판단할 수는 없고, 더욱이 당시의 포장지에 동판(銅版) 인쇄를 채용했던 특색을 감안한다면 한 층 높은 감식의 안목을 필요로 한다.

경창차장호(敬昌茶莊號)는 포장지를 좀벌레가 얼마나 쏠았는가에 의해 나이를 얼마나 먹었는가를 추단한다. 운남의 지방지에서 민국 38년[서기 1949년으로 이 해에 중공정권이 수립되었음] 이전의 개인 차장을 찾아보면 경창차장은 백년이나 된 오래된 상점이라고 나와 있다.

여기에는 '總發行所雲南普洱茶山敬昌茶莊啓'라는 차 상표가 전아한 흑녹색의 인쇄로 서명되어 있다. 그 상반부에는 한 폭의 '채다도(採茶圖)'가 있는데, 거기에는 세 사람의 옛 의상을 입은 차 따는 여자들이 등에 차 바구니를 맨 채 서로의 채다 경험을 이야기 나누고 있는 모습이 그려져 있다. 하반부의 문안은 차의 쓰이는 바를 강조한 것으로서 "곡우 전에 딴 춘예(春蕊)와 세눈(細嫩)과 첨엽(尖葉)이 그 어느 것보다 뛰어나다"(雨前春蕊細嫩尖葉, 絶無摻雜沖抵)고 씌어 있다.

경창차장은 차를 만들어서 사고팔고 했는데 내수는 물론 수출도 하여 홍콩을 수출기지로 삼았다. 차 상표에 씌어져 있는 글은 매우 분명하며, 거기에는 "청컨대 채다도의 상표가 있는지를 보고 진위를 확실히 식별하시기 바랍니다"라고 하여 사는 사람의 주의를 촉구하고 있다.

경창차장에서 출품된 떡차에는 모두 한 장의 빨간색 상표가 붙어 있는데 거기에도 "거듭 고려하시어 안에 쓴 기록을 살펴 주십시오"라고 강조하고 있다. 당연히 차장은 상점의 명예를 존중하며 차의 상표는 일종의 선전물이면서 또한 일종의 '품질 보증서'이기도 했다.

오늘 날의 못된 상인들은 이 상표를 영인

(影印)하여 떡차(당연히 오리지날 경창차가 아닌)에 붙이고서는 높은 값에 팔고 있다.

이와 같은 '고기의 눈알을 구슬에 섞는 방법[魚目混珠法]'은 차의 상표와 한 상점의 명예를 이용하여 소비자를 속이는 수법이다.

건리정송빙호(乾利貞宋聘號)의 상표는 디자인에 있어서 매우 고전적인 품격을 지니고 있다. 거기에는 씌어진 선전 문구 외에 그 위에다 '생재(生財)'라는 두 자를 첨가하여 차를 사 가는 사람의 길상(吉祥)과 발재(發財)를 기약하고 있다.

송빙호의 떡차는 시장에서 유통되면서 같은 도장이 크고 작은 두 가지의 형식으로 출현하여 크고 작은 것 가운데 어느 것이 진짜다 가짜다 하는 논쟁이 일어났다. 그러나 어느 것이 진짜든 가짜든 의당히 차의 질로써 논단해야 할 것이다.

상표에 있는 '운남송빙호보이차정부입안상표(雲南宋聘號普洱茶政府立案商標)'라는 글에서 당시의 차상들이 상표를 매우 중시했다는 것을 알 수 있는데, 디자인을 멋지게 하는 데 그치지 않고 정부의 입안이라고까지 하고 있는 것이다.

강성차장(江城茶莊)은 차의 상표를 베 종이[棉紙]로 하였는데 인쇄는 매우 간단하고 남루하게 유인(油印)하여 만들었다. 그 위에 있는 '보이원차(普洱圓茶)'라는 글자의 모양을 보아 상표의 연대는 중공이 대륙을 통치한 지 오래지 않은 때인 것으로 보인다. 거기에는 특별히 "보이원차는 멀고 가까운 곳으로 명성을 떨치고 있으며 …… 경제를 번영시키고 이익을 가져다 준다"고 적고 있다.

강성차장은 운남 보이구에 있는 아주 오래된 차장이다. 중차공사(中茶公司)가 아직 전면적으로 국영사업을 장악하고 있지 못하던 당시에 이 차 상표는 개인 차장의 상표로서, 대륙의 경제개혁이 아직 실시되기 전에 시장을 형성하고 있었음을 보여주는 증거가 된다.

강성차장의 도안은 그림 위에 별 다섯 개를 그리는 것을 잊지 않고 있는데, 이것은 민국 38년 대륙 정권이 성립될 때 만든 차 모양으로서 호북성(湖北省)의 조리교(趙李橋)가 출품한 변경전차(邊疆磚茶)와 함께 '다섯 개의 별'을 그려 넣고 있다.

홍·녹·황·남색의 도장(印)은 저장의 깊음을 분별하는 실마리

이상에서 열거된 희유한 품종을 시장에서 '홍인'·'녹인'·'황인'·'남인'으로써 어떻게 감식하는가?

중차공사에서 출품하는 보이차는 기본적으로 떡차 한 덩어리 한 덩어리마다 모두 바깥에 포장을 하는데 어떤 것은 베 종이에 인쇄한 것도 있다. 지면의 한 가운데에 '차(茶)' 자를 쓰고 바깥에 여덟 개의 '중(中)' 자로 에워싸게 한다.

'中' 자는 일반적으로 빨간 색으로 새기되 '茶' 자는 당시 출품된 등급에 따라 홍색의 '茶' 자(속칭 홍인), 녹색의 '茶' 자(속칭 녹인), 황색의 '茶' 자(속칭 황인)로 나누며, 남인은 녹색의 '茶' 자 위에 다시 남색의 먹물로 덮개를 한 것의 속칭이다.

내가 음미한 경험에 비추어 본다면, 만든지 얼마 되지 않은 '홍인'은 줄기가 가늘고 냄새의 여운도 강하다. 그러나 3년이 지나면 강함과 부드러움이 아울러 갖추어지고 냄새가 감미로워져서 곡식 향기가 가득 차게 된다. 차를 한 입 머금으면 매실 향이 입 안 가득 흘러 넘쳤는데 이런 홍인을 위해 물 끓이는 일을 그리 오래 해 보지 못한 것이 아쉽기만 하다.

'홍인'의 차 찌꺼기는 암홍색을 띠는데 만약에 차 찌꺼기와 차의 색이 고르지 않으면 가짜일 가능성이 높다. 이 차의 질은 세월이 지날수록 관록과 풍골을 갖추게 되는데 차의 줄기를 조금 섞어야 양호하게 보존된다. 그리고 인위적으로 발효를 가속시키거나 불에 쬐어 말리지 않아야 차의 섬유질의 탄성이 좋아진다. 만약 여러 차의 향기와 잡스러이 섞으면 차 줄기가 마르고 딱딱하게 되어 생기가 없어진다.

요즈음 만나는 '홍인'은 이미 예전의 맑고 싱싱한 눈(嫩)이 아니라 말라빠진 잎사귀와 가지일 따름으로서 사람들이 꽤 가지고들 있는 것 같다. '홍인'은 '녹인'과 함께 다루어지기도 하는데 물건이 적기 때문에 대신에 '녹인'을 올리는 예가 적지 않기 때문이다. 그러나 녹인은 차의 질이 홍인과는 근본적으로 다르다.

보이차의 시장이 뜨겁게 달구어지자 몇몇 업자들은 포장지를 회수하여 완전한 홍인 포장지 한 장에 500원(한화 15,000원) 씩을 부르기도 한다. 이런 해괴한 일들은 필시 소비자들이 '홍인'이나 '녹인'의 포장지를 믿는 데에서 기인하는 것이지만 이로부터 또한 차 자체의 값과 명성을 더욱 올려놓는 결과를 가져오기도 하는 것이다.

'홍인'이나 '녹인' 차는 인내심을 가지고 그 맛을 찾아야 한다. 그리고 이들 차는 의당히 덮개가 있는 자기 잔[杯]으로 마셔야 하는데,

단단한 질의 자기를 써야만 노차의 진미가 솔솔 풍겨나기 때문이다. '녹인'은 대엽 보이차의 제조법에 따르므로 차의 맛이 노숙하고 돈후한데도 어린아이의 마음과도 같은 여린 품성을 잃지 않고 있다. 찬찬히 살펴보면 이 야생 차나무의 천연한 본성이 아무리 세월이 흘러도 그 본색을 잃지 않음에 기인하는 것이 아닌가 생각된다. 도리어 아주 오래된 친구의 방문을 받는 것과도 같다고나 할까!

사람의 마음을 움직이는 보이의 운치

차에 빠진 사람은 깊이 빠질수록 오래된 차와 교분을 가지고자 하는데 그 태반의 원인은 오래된 차의 온화하고도 정중함을 사랑함에 있다. '홍인'과 '녹인' 차는 수십 년의 세월을 거두어들여 차곡차곡 쌓았기 때문에 그 차의 질이 결코 일시일각의 시간에 따라 노화하지 않으며 오히려 양질의 보이차는 오래될수록 더욱 향기를 품는다. 노차 자신은 신선한 빛과 눈녹(嫩綠)의 호흡을 가다듬고서 다만 인연이 닿는 사람이 손수 선택해 주기를 기다릴 따름이다.

그러나 소비자 대중은 도리어 보이차를 넉넉히 알지 못하고 그저 잘 유통되지 아니하는 '곰팡이 차'라고만 안다. 그리하여 이제는 불쌍하게도 장사치들의 부당한 부추김까지 받아 말로 형용하지 못할 신비의 색채마저 띠게 되었다. 회오리쳐 올라간 보이차의 가격도 주목을 받아야겠지만 차의 참된 면목이 오히려 발굴을 기다리고 있다.

오래된 보이차의 운치는 많은 추종자들의 마음을 움직이지만 다만 이는 보이차의 아름다움과 무르익음의 소치이지 단순히 높은 가격 때문이 아니다. 바꾸어 말하면 오래되었다는 것이 곧장 좋은 것을 대표하는 것도 아니고, 또 귀한 차가 바로 좋은 차라는 등식이 성립하는 것도 아니다.

오래된 보이차를 찾는 행렬이 시끌벅적하기만 하다. 품차족들은 그저 그림자를 따라 춤을 추고 있으며 진상을 밝히지도 못한 채 될수록 비싼 곰팡이 차를 사려고만 한다. 가짜들이 진품의 발자국을 남기고 있는데도 재물을 헐어서 쓰잘 데 없는 일만 하고, 마셔서 몸만 상하고 있으니 참으로 실속 없는 일이다.

편집자 주 : 이 글은 대만의 저명한 차인 치쫑시옌(池宗憲) 선생이 1990년대 중반 차문화 관련 잡지 『자옥금사(紫玉金砂)』지에 기고한 글로서 우리나라에서는 김봉건 선생이 『다담(茶談)』지 1997년 가을호에 번역하여 게재했던 글입니다. 글의 제목 「百年普洱黑翻紅」은 "오래 된 보이차는 검은 것이 붉은 것으로 바뀐다"는 뜻으로서 노차를 가장한 가짜들이 왕왕 진짜로 둔갑하는 보이차 시장의 행태를 풍자한 것입니다. 기실 이러한 현상은 오늘날이라고 하여 그때와 거의 변함이 없는 것 같아 쓴웃음을 지울 수 없습니다.

김경우의 보이차 노트
건창 보이차의 문제점
: 골동보이차의 이해 _저자

1997년 수람인 자연건창

1997년 수람인 건창병면

건창 보이차 문제점

　보이차의 품질 완성을 위해서는 두 가지 조건을 살펴볼 수가 있다. 첫째는 좋은 산지의 원료로 잘 만드는 것이고, 둘째는 후발효차로서 적절한 환경에서 잘 발효되어야 좋은 보이차로서 완성될 수 있다 하겠다.
　두 가지 조건 중에서 먼저 보관 환경에 대해 알아보자. 보이차의 품질을 논하면서 반드시 언급되는 것이 건창(乾倉) 보관 보이차가 좋다는 이야기이다. 건창이란 용어가 처음 사용되기 시작한 시기는 1995년 대만에서 등시해(鄧時海) 저 보이차(普洱茶) 단행본에서 건창이란 용어가 언급되면서부터이다.

책이 발행된 시기가 1995년이니 건창에 대한 언급은 1990년 이전에 생산된 보이차일 것이다. 1980년대 당시 홍콩에서의 보이차 소비 성향은 발효된 맛을 추구하였다. 발효된 맛으로 변하기 위해서는 두 가지 방법이 있다. 첫째는 제다 과정에서 모차를 발효시켜 긴압하는 방법과 둘째 생모차로 긴압한 차를 보관 환경에서 빨리 익히는 방법이다. 보관 과정에서 습도가 높은 곳에 보관하다 보니 차가 놓인 위치에 따라 발생하는 온도의 차이와 공기 통풍의 편차에 따라 완성된 품질이 다른 것이다. 병 면이 깨끗한 차, 백상이 있는 차, 매변이 심하게 진행된 차로 구분해 볼 수 있다. 병 면이 깨끗하지 못한 차는 미생물이 활동하는 상태로 유통이 되다 보니 소비자에게 좋은 반응을 얻지 못하였다. 그래서 상대적으로 깨끗한 차는 건창차로서 스토리텔링이 된 채 소비자에게 좋은 이미지를 얻은 것이다. 여기서 우리가 중요하게 생각하여야 하는 점이 있다. 당시의 건창은 발효가 진행된 차에서 건창을 논하였다는 것이다.

오늘날 건창차는 어떤 의미인가. 중국 시장에서 찾아보자. 중국이 지금처럼 보이차 시장이 급성장한 시기는 올림픽 2~3년 전인 2006년 이후이다. 상대적으로 발효된 보이차의 공급이 원활하지 못하면서 신차를 생산하는 쪽으로 트렌드가 만들어졌다. 동시에 건창 보이차에 대한 우수성을 부각 시켰다. 그래서 발효와 상관없이 만들어진 논리로서 실온이든 창고든 습도가 아주 낮은 건조한 환경에서 세월이 지나면 건창 보관차라고 하며 좋은 보이차라고 하게 된 것이다. 건창에 대한 용어는 이전과 같지만 내포하는 의미는 달라진 것이다.

여기서 조금 더 폭을 열고 보면 근래 깔끔하고 산뜻한 향과 맛을 추구하는 트렌드에 따라 틀렸다고 할 수는 없다. 하지만 발효를 목적으로 보관하고 싶다면 달라져야 한다. 적절한 미생물이 활동할 수 있는 환경적 조건을 만들어 주는 것이 필수적 선결 요건이라 하겠다.

좋은 차(茶)란 어떤 차일까? 필자는 이런 질문을 종종 받는다. 과거 차를 접한 지 얼마 되지 않은 시기에는 맛있는 차가 좋은 차였다. 여기서 맛있는 차의 기준은 상대방이 아니고 나였던 것이다. 내가 마셔서 맛있는 차가 좋은 차이고 상대방에게 좋은 차였다. 하지만 차 생활의 연륜이 조금씩 쌓일수록 틀렸다는 것을 알았다.

사람은 다양한 체질을 가지고 있다. 체질에 따라 서로 추구하는 향과 맛이 다르다. 젊고 건강할수록 향이 좋은 차, 위가 약하고 나이가 많을수록 편안한 차를 좋아한다는 것을 경험을 통해 배울 수 있었다. 다양성을 인정한다면 좋은 차라는 것에 대한 주체성도 열어 두어야 맞다. 차는 절대적일 수 없는 것을 인정해야 한다.

건창차에 대한 부분도 이와 다르지 않다. 보이차가 제다된 후 실온에서 보관되었다면 건창차로서 조건을 충족시킬 수 있지만, 발효는 그다지 진행되지 않았기에 결과적 품질에서는 호불호는 나누어질 수 있다는 것이다. 이처럼 맛이란 절대적일 수는 없기에 각자의 판단에 따라 달라질 수 있고 그것을 인정해 주는 것이 옳다.

보이차가 유통되면서 무분별하게 건창차의 우수성만 부각되고 있다. 건창으로 보관했을 때 결과적으로 변할 수 있는 품질 폭은 생략된 체 세월만 지나는 보이차가 중국이든 한국이든 아주 많다.

필자는 글을 쓰면서 보이차 시장에서 워낙 이해관계가 얽혀 있기에 항상 조심스럽다. 하지만 다양성의 정보를 제공하면 판단은 독자께서 하리라 생각한다.

건창차가 좋다고 말하기 이전에 소장하면서 목적성을 명확히 할 필요가 있다.

목적에 따라 세월이 지난 후 어떤 차로 변하기를 기대하는 것이 옳고, 그렇게 하기 위해서는 조건도 달라져야 하는 것이다.

① 신차인 즐길 수 있는 풋풋한 향을 추구할 것인가.
② 발효가 진행되어 익은 맛을 기대할 것인가.
③ 완전히 풋 맛이 없어져 뒤집어진 익은 맛을 기대할 것인가.
④ 투자의 수단으로 소장할 것인가.
⑤ 몇 년 정도 소장을 할 것인가.

이러한 등등의 조건을 명확히 하여 이에 적합한 차를 선택하여야 옳고 세월이 지난 후 실수를 줄일 수 있다. 사람은 누구나 나이가 들고 각자 체질이 다르므로 이에 따라 판단하고 선택하는 것이 좋을 것이다.

김경우의 보이차 노트
김경우의 老茶品鑒會
: 석우

　10월 1일 중국 호주시에 있는 심혜차생활차관(沁慧茶生活館)에서 보이차7542 차회가 있었다. 평소 노차에 관심 있는 차인들의 참여 속에서 맹해차창에서 생산된 차를 비교해서 설명을 듣고 시음하는 시간이었으며 호평을 받았다. 향후 다른 지역에서도 품감회가 진행될 것으로 보인다.

보이차감상

여여해

부산시 중구 광복로 88 하모니빌딩 1층(전통찻집) / 051 256 9859

2010년 노반장(보이고사)

차의 특징

차의 특징、지금의 노반장은 줄기나 잎들이 크게 변화해가는 추세이지만 2010년 보이고사 노반장은 백호가 많고 줄기는 짧고 통통하며 병면이 밝은 것이 특징이다. 쓴맛이 강하고 끈적거림과 묵직한 바디감으로 강한 회감이 환하게 퍼진다. 내포성이 좋아 여러 번 우려도 동일한 맛이 나며 훗날 홍인에 버금가는 맛이 날 것으로 추측해본다.

여여해 20주년 기념(숙병)

차의 특징

차의 특징、운남성 맹해현 포랑산 찻잎으로 여여해 20주년 포랑산 고수 숙병을 만들었다. 봄、여름、가을 고차수를 적절히 배방하여 숙미가 없으며 부드럽고 고소하다. 포차를 거듭할수록 구강에서 화한 맛과 단맛이 난다. 그해에 마셔도 좋지만 오래 보관할수록 좋아질 것이라 기대되는 차이다.

보이차감상

도림원

부산시 남구 천제등로 11 동성하이타운상가 1호 / 051-645-8858

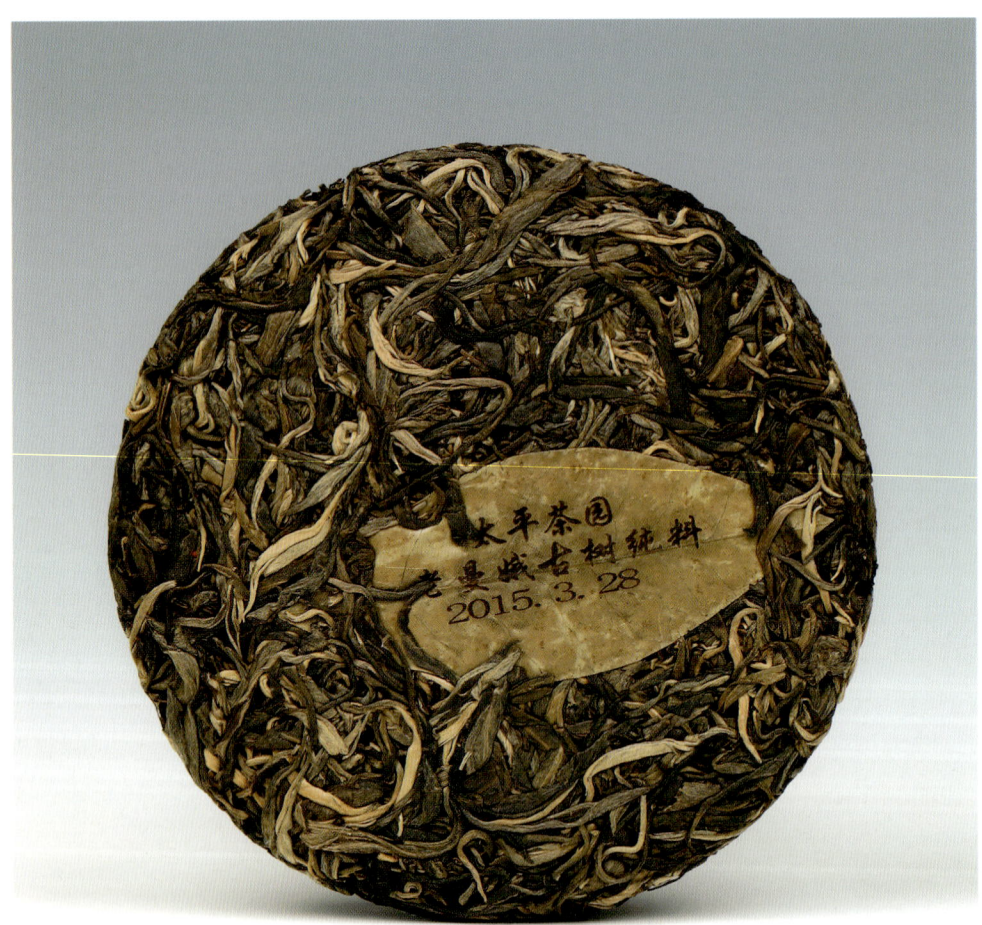

2007년 빙도 교목 고수차 / 1kg

보이차감상
다화담
경기도 구리시 아치울길37 1층 / 010 5923 0850

멍송 보이차

차의 특징

차의 특징: 멍송 차산은 운남성 시쌍반나 최남단 미얀마 국경과 인접해있다. 해발 1,800m의 생태환경이 잘 보존되어있는 고차수 군락에서 300~400년 수령의 봄 찻잎을 채엽하여 수공으로 만든 차이다. 대엽종의 묵직함과 삽미, 꿀 향기와 단맛이 조화를 이루어 깊고 풍부한 맛을 선사해준다.

보이차감상
용생보이차
T. 010 5090 7889

2007년 영반지춘 357g

차의 특징

영반산의 봄차로만 엄선하여 만들었다. 어린 잎의 원료와 유기농이 만나서 더욱 신뢰할 수 있는 차로서 용생차창의 고집스러운 유기농 제품을 확인 할 수 있다.

2007년 난향춘조 357g

차의 특징

용생차창은 운남성에서 최대 규모의 생태 다원으로 알려져 있다. 봄에 채엽하여 만든 보이차로서 시원한 고삽미와 강한 단맛의 조화로운 차품을 볼 수 있다.

목공예가 향로 발표

장도원의 향, 찾아가는 길

天上之緣
천상지연

차문화 행사

공부차 삼학 육보차 평차회

: 석우

- 오주차창 대표 류저선

　공부차 박성채 대표가 4년 만에 큰일을 해내었다. 차 장사로서가 아니라 차 사업가로서의 면모가 두드러진다. 11월 28일 J.W 메리어트 호텔에서 펼쳐진 평차회는 4년 전과 형식 면에서는 동일하였다. 주제가 다르고 초청한 회사와 관련 학자가 다르고 시음하는 차가 다를 뿐이다. 4년 전에도 행사 내용이 알차게 진행되었기에, 이번에도 같은 형식으로 진행되면서 참석자 역시 매니아들이 참석하여 자리를 빛내 주었다.

　오주차창 류저선 대표의 축사와 오주차창 허메전 대사의 특강을 마치고 1부 시음(목판건창 노차, 진년0101 육보차)와 2부 시음(금화단차 노차, 빈랑향 노차)이 있었는데, 처음 마신 목판건창 노차는 필자로선 심히 놀라운 경험이었다.

 육보차에서 이런 맛을 느낄 수 있다는 점에서 그간 육보차의 가치를 잘 알지 못하면서 평하지 않았나 하는 생각이 들었다. 두 번째 진년0101 육보차는 또 다른 면모의 차였는데, 어떤 차가 더 좋다고 하기 어려운 것이 새로운 경험으로 다가왔다. 그동안 차에 대한 편견이 어디에서 출발했는지 모르지만 오늘 마셔본 육보차는 원본에 가까운 맛이라는 생각이 들었다. 두 가지 차 모두 새로운 맛을 알게 되었다.

 허매전 대사에게 개인적으로 질문하였다. 보이차의 노차 맛과 육보차의 노차 맛의 비교에 관한 것이었는데, 보이차와 육보차는 서로 다른 차이며 제조과정 역시 차이가 매우 큰 방식으로 진행되기에 단순비교 자체가 의미 없다는 점도 알게 되었다. 이번 행사는 참석자에겐 공부가 되면서 개인적으로 마시기 어려운 귀한 차를 시음하고 관련 학자와 교류할 수 있는 시간이 되었으며, 이러한 자리를 마련한 것은 박성채 대표의 자신감의 표출로 보인다.

차문화 행사
제7회 무이암차 대홍포 품다회
: 석우

2019년 12월 2일 신라호텔 영빈관에서 가진 품다회는 그동안 김영숙 원장이 진행해온 무이암차 품다회의 결정판이다. 백곡 차를 소개하는 진행에 맞춰 테이블마다 전문 다예사의 솜씨로 차 맛을 음미하는 시간을 가졌다. 품다회에서 금장죽과 육계, 천심촌 투다 대회에서 수상한 대홍포 등 국내에 처음 소개되는 차들을 시음하는 시간이 되었다. 승설재는 무이암차를 국내 시장에 소개하는 중요한 역할을 하고 있으며, 이러한 행사가 더 많은 관심을 불러일으킬 것으로 보인다.

111

일희다회 초청 중국 각다도전승문화센터

: 석우

　2019년 10월 10일부터 13일까지 중국 우석시 각다도가 김해를 방문하였다. 이번 방문은 한국 김해 금란다원과 중국 우석시 각다도 간의 차 관련 교류를 위한 것이었다. 금란다원 소속 일희다회의 초청으로 김해를 방문한 이들은 김해뿐 아니라 창원, 안동, 부산 등 방문, 곳곳에서 교류행사를 진행하였다.

　김해시 상동에 위치한 금란다원의 일희다회 회장의 초청으로 김해를 방문한 중국 우석시의 각다도전승문화센터의 왕원 센터장과 그의 제자들(이하 각다도팀)은 10일 오전 10시경 금란다원을 방문하여 본격적인 교류를 진행하였다. 초등학교 2~3학년의 저학년으로 구성된 일희다회는 한복을 곱게 차려입고 그간 닦은 실력을 각다도와 일부 방문객에게 아낌없이 보여주며 실력을 인정받았다. 이들의 인연은 2019년 봄 김해의 중요 행사인 가야문화축제 때 중국

우석시 인민정부 비서실장님의 금란다원 방문에서 어린이 다례의 시연을 본 것이 인연이 되었다.

  어린이 다례팀은 일희 선생님의 지도와 가르침으로 더욱더 빛을 발하였다. 일희 선생님의 목표는 훌륭한 할머니가 되는 것이므로 어린이들에게 훌륭한 할머니라고 부르게 하고 있으며, 어린이들 또한 훌륭하게 자라서 집, 사회, 국가, 세계에 훌륭한 사람이 되는 것이 목표라고 하였다.

  중국우석시청 비서실장도 방문 당시, 중국에서도 많은 어린이들이 차를 마시고 있지만 일희 선생님과 같은 예절교육은 없다고 하였다. 차를 마시면서 예절을 익히고 부모님을 존경하는 마음을 가져야 한다고 가르치는 것에 큰 감명을 받았다고 말해주었다. 어린이 다례의 생활다례시연을 마치고 가진 다회는 차로써 서로의 마음과 감동을 주고받는 시간이었다.

제13회 고전문화 소장품전

2019년 10월 28일 고전문화에서 청대~현대 명품 자사호 소장품 전시회가 성황리에 마무리되었다. 이번 전시는 고전문화 황영하 대표가 14년의 세월 동안 13회째 전시를 준비한 것으로, 매년 한 번씩 중요한 아이템을 하나씩 차인들에게 소개해 주는 전시는 그의 열정이 없이는 불가능한 일이다. 이번 행사에서는 고전문화 소장품이 대만의 진흥도예 "등육서"의 소장품과 함께 전시되었다.

일본 전다도
히가시아베류
체험 차회

一般財団法人) 煎茶道東阿部流
사단법인) 센차도 히가시아베류
ひな祭り お茶会

히가시 아베류 한국담당 敎授 조윤숙

히나마쯔리 오차 회

- 일시 : 2019년 3월 3일

일본 전다도 히가시아베류 조 선생은 한국 인사동 미술 세계 3층에서 모모노셋쿠때 히나인형을 전시하고 오차 회를 가졌다. 히가시아베류 조윤숙 선생의 오차 회를 마친 뒤, 헤이안 시대부터 시작된 인형 만들기의 기술이 발달하여 무로마치 시대까지 최고 전성기를 누렸던 내용을 전시품을 보면서 설명하였다.

3.

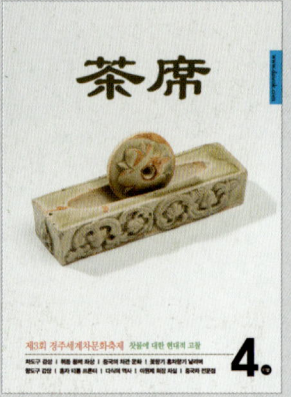
4.

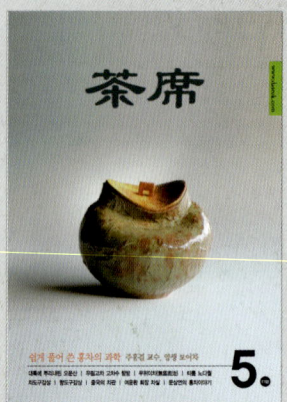
5.

6.

정기구독
- 4년 … 16권 정기구독 210,000원
- 2년 … 8권 정기구독 105,000원

입금계좌
- 농협은행 … 302-073-4436461 예금주 박홍관
- 카카오뱅크 … 3333-04-1043499 예금주 박홍관

- 권당 가격 … 15,000원
- 신청방법 … 이메일 또는 전화를 통해 신청가능합니다.
- 이메일 신청 teawell@gmail.com
- 문의 전화 … 508. 065. 3543

주소 서울시 종로구 삼일대로 30길 21, 507호(낙원동 종로오피스텔)

구독하는 분의 주소가 변동될 경우 반드시 사무실로 전화하여 변경된 주소를 알려주세요.